U0570095

風俗

紹興縣志採訪稿 3

紹興大典 史部

中華書局

目録 風俗

紹興縣志採訪

步

出菸

扇

慢

蹳

抗

會

焌

神頭

鴨哩哩

再醮

苙

晏

三官

火神

哉

干

馬

擊

烘

淅

滴沰

等子

涕

忒

嚇

沉沉

斮

山株

三江

靪

提

蕘

臛

秸

稻明

絡索

績绩

緯

抱

又馬

嬔

蔡

鄉里

儂

能耐

必

閤

呵欠

篕

筅

釃

鐙

按詩于豆于登釋之者謂木豆謂之豆瓦豆謂之登皆所以盛葅醢之屬而爾雅曰鐙者錠也郭璞注古者以人執燭今易之以鐙蓋即然燭之器矣然燭之器今謂之燭臺佃其莖而厚其柎原有登形蓋即古之所謂登者而錠於其中因其錠也遂不謂之登而謂之鐙爾至楚詞遂曰蘭膏明燭又曰華燈錯些漸且然燭於中而籠其外有幬有覆可挈可懸以至於今其製工巧百出矣或謂古用薪燎不用油燎遂以漢宮蠟燭一語為用始殆不識鐙之與登輾轉相嬗之義以上見山陰茹三樵先生越言釋下卷

司命

周禮大宗伯以槱燎祀司中司命司中者文昌第五星司命其第四星也楚詞九歌有大司命少司命大司命爲三台中之上台少司命即文昌宮星祭法王爲羣姓立七祀一曰司命近世士大夫多祀文昌以此月令以户竈中霤門行爲祀近世士庶家所祀率門與竈而已而以竈神爲司命竈君合司命與竈而一之餼羊僅存亦可見自古以来其爲五祀者不盡遵月令并白虎通之説以上見山陰茹三樵先生越言釋下卷

勺

古酒以樽寫樽以勺故於酒言酌酌者勺也至於剖瓜而去其瓤謂之瓢勺以酌酒者亦或用以酌水如泂酌彼行潦是也故以木爲勺即加木爲杓而名之爲木杓又有以銅以鐵者即謂之銅杓鐵杓然以其兼瓢之用也又讀杓爲瓢今杓有瓢音也北斗七星以四星爲斗以三星爲柄其形似杓謂之斗杓（讀瓢）詩又有之維北有斗不可以挹酒漿其音瓢也其義勺也或曰杓音標以上見山陰茹三樵先生越言釋下卷

祭咤

貧家兒啼求食其母置食於其前輒恕之曰祭咤食已則曰祭咤了未按顧命王三宿三祭三咤祭者以酒酹地也咤者奠爵也潦書作詫皆柩前之禮故以爲詛爾以上見山陰茹三樵先生越言釋下卷

紹興縣志採訪稿

𢆶血

記毛血告𢆶全之物也注毛告全血告𢆶毛之告全可解血之告𢆶不可解今牛羊鷄豕一切血以火凝之皆謂之𢆶血此殆以其色言之如所云𢆶𢆶南山其葉有𢆶者應通作黝蓋血雜則色赤而淡血純則黝此蓋古經之文尚傳於流俗之口如此以上見山陰茹三樵先生越言釋下卷

紹興縣志採訪稿

幼

越人謂蠶眠曰幼曰幼一幼二幼三最後一眠謂之幼大本俚言而放翁用之入詩如所云婦喜蠶三幼奴貪雨一犁則久成典要矣幼者蓋俯其頭之謂故越人每以傴僂爲幼如所云幼頭丞（入讀濶）腦之類丞亦作頸皮日休詩學海正狂瀾予頭向水頸以上見山陰茹三樵先生越言釋下卷

帽

帽之文从冃冒之文从曰故冠冕諸文皆从冃然夏曰牟追商曰章甫周曰委貌則帽者貌爾委者冠卷之名案後漢書輿服志委貌與皮弁冠同長七寸高四寸製如覆盃以上見山陰茹三樵先生越言釋下卷

忽

越人以睡醒爲一覺詩尚寐無覺是也而乍睡乍醒則謂之忽忽字於經無考吴人無論大覺小覺皆謂之忽按西河毛氏越語肯綮録作寣謂字出唐韻而升庵楊氏六書索隱直作忽其說爲長蓋忽睡忽醒即謂之忽似不必另製一字楊氏又謂忽古作勿尤簡妙以上見山陰茹三樵先生越言釋下卷

拜堂

左氏傳鄭公子忽如陳逆婦嬀辛亥以嬀氏歸甲寅入於鄭陳鍼子送女先配而後祖鍼子曰是不爲夫婦誣其祖矣鄭司農禮注曰先祭祖謂之祖然後同牢而食謂之配或曰今之婚禮皆前配而後祖者也而正不然蓋今呼屋之前一層爲廳爲接賓客之所呼屋後一層爲堂堂之棟間有庋閣蓋高曾祖禰之主咸在謂之家堂家堂之制不知起於何時蓋其所規畫較家禮祠堂爲善矣今之婚禮當婦至時必先與壻拜於堂謂之拜堂拜堂者拜家堂也拜家堂是即陳鍼子之所謂祖者也夫而後牽而入於房行合卺之禮是即鄭司農之所謂同牢而食謂之配者也近世士大夫行禮不知其意奴隸下人得以邪說撓亂其間於是不謂之拜堂

而謂之拜花燭不知何取於花燭而拜之且廄閣之下往往繪爲南極老人之圖以兆其吉祥因有於壽星之前設酒脯者又不知何取於壽星而拜之而且服不衷之衣先之以巫祝祓除之事拜堂之義日以就湮不亦傎乎以上見山陰茹三樵先生越言釋下卷

聯

古者勤聘禮下至一切婚姻交際皆有帛其帛必言束帛束者十端十端者五兩十端而五兩者五兩端也蓋束帛之法每端二十尺必取四十尺之帛從兩頭卷至中间連而不斷謂之一兩元三兩纁二兩爲一束士婚禮言元天色纁地色陰陽之義也束帛之外凡束錦束紡亦無不言束者今惟紗緞以兩端爲一聯猶有古之遺意以上見山陰茹三樵先生越言釋下卷

步

凡維舟而可上下者曰步柳子厚鐵爐步志言之最詳吾越水鄉以舟代車馬舟之所聚皆以步稱有賃舟者必於步俗或作埠徐笠山自序其丈航簡鈔有所謂大八埠小八埠是也鄉中村市各有步步必有船朝往而暮還謂之步船以上見山陰茹三樵先生越言釋下卷

紹興縣志採訪稿

紹興縣志採訪稿

出恭

明初太學之制，祭酒司業升講堂，正中置一大牌，曰「整齊嚴肅」。諸生入者領入敬牌，出者領出恭牌。天下學校皆沿之，此「出恭」二字所自始。以上見山陰茹三樵先生越言釋下卷

扇

月令之修闔扇門兩故為闔戶一故為扇扇之為扇正戶之所以為戶者未嘗以為引風之具也今引風之具於經謂之翣此後世箑名所自始無扇名雖然詩不曰豔妻煽方處乎漢書谷永傳曰閻妻驕扇日以不臧乃直作扇不扇何煽矣以上見山陰茹三樵先生越言釋下卷

紹興縣志采訪稿

慢

吴越王夫人方歸甯遣使迎之曰陌上花開可緩緩歸矣東坡因之作緩緩歸曲賡和者非一遂爲近世樂府佳題予謂此送辭非迎辭今越人所謂慢慢去質言之則慢慢去文言之即緩緩歸故曰此送辭也或謂以緩爲慢無據則鄭風已曰叔馬慢忌以上見山陰茹三樵先生越言釋下卷

紹興縣志採訪稿

䉷

陳風越以䉷邁䉷者衆也於是乎以其衆行又曰䉷者總也人總則衆集而行則猶之乎衆之説也然而䉷麻數也凡麻縷以一升而用繩束之謂之數故王肅曰䉷數績麻之縷也今人凡所爲之事件數之心曰一䉷兩䉷蓋本諸此以上見山陰茹三樵先生越言釋下卷

紹興縣志採訪稿

抗

越人以藏物爲抗於經無可證惟周禮服不氏之抗皮注謂舉藏之此抗有藏義然謂舉藏之是終以抗爲舉也𢍁謂記言周公抗世子之法於伯禽此抗亦當爲藏義蓋成王有過伯禽無過反撻伯禽以待成王之自悟而未嘗明言之是以世子之法藏之於伯禽殆有明言之而不得者天下有廢而後有舉此時非世子之法廢而舉之於伯禽也則以抗爲舉非其義也以上見山陰茹三樵先生越言釋下卷

紹興縣志采訪稿

會

北人無市而有集謂買者賣者於是日集也或隻日集或雙日集或一七或二五八或三六九不等大要東不集則西集南不集則北集使集者不得於此尚可得於彼集之尤盛者謂之會一歲之中不過數日既有定期亦有定所千里之外難致之貨無不捆載而來是日也男女狂走蟻聚蜂屯衢陌之間肩摩踵錯凡酒食蒸炊既已無所不有而孌童妖女衒服賣伎者皆足以號召之於是賭博爭鬬盜竊姦拐亦百出矣然不能禁也蓋一縣無會即一縣之民用皆闕固不能因噎而廢食也使會中無賭博爭鬬盜竊姦拐之事則其會亦衰會衰則一切買販皆裹足不至此亦昔人所謂不如此不成京師毋擾齊獄市之意也陳之東門鄭之洧之外

不過古人趧會之詩讀之景象宛然所謂太史陳詩以觀民風者以此耳漢志曰衛地有桑間之阻男女亟會聚聲色生焉亦此意

以上見山陰茹三樵先生越言釋下卷

神頭

神頭者社頭也古之為社者必推一人主率錢之事謂之社頭今以社頭為神頭訛矣又以神頭名其祭謂之祭神頭則訛之又訛然按之禮天子有王社大社諸侯有侯社國社大夫以下成群立社曰置社故一鄉一井皆可立壇壝以申賽禱今各鄉村皆有社廟所祀者謂之土穀之神已居然古人里社之遺意而祭神頭者設牲禮於衢陌之間吹簫擊鼓巫祝讚誦既卒事而群飲抵暮告醉或懷肉以歸其在衢陌之間既近於所謂壇而不廟者而社酒社飯社梚社匙社旗社燭尤為涫古而樸茂既有此祭則社廟可不設其名雖訛其為餼羊也多矣近日士大夫頗以驕貴自居無復長衫紫領巾之意此祭亦漸有廢者以上見山陰茹三樵先生

紹興縣志材料

越言釋下卷

焌

削松杉之木爲片而鋭其首染之以硫遇星星之火輒𤇯夜中然燈最便越人謂之發焠周禮華氏固謂之焌矣蓋灼龜之火必取之於木木中之火必取之以燧燧不可以灼也則必以焌發之雖其形不必片而鋭亦未知其染硫與否然其名則不可沬也焌既熄則其焌必黑故象黑者謂之焌黑今亦謂之焠黑以上見山陰茹三樵先生越言釋下卷

鴨哩哩

越人呼鷄曰喌喌見莊子所謂喌喌鷄翁者象其聲也呼鴨曰哩哩不可解不知哩者来耳鴨哩哩者鴨來來耳按詩貽我来牟漢書作貽我釐牟春秋公會鄭伯於時来公羊作祁黎儀禮貍首注曰貍之言不来則哩者来音之轉故詩之来字皆叶支韵又如稽大不理於口言不為衆口所賴漆身為厲之厲亦讀癩即以俗證之禿頭瘡俗謂之癩頭亦謂之臘梨頭以上見山陰茹三樵先生越言釋下卷

再醮

男子之冠有醮禮儼載於士冠禮女子之笄無醮禮曲禮女子二十許嫁笄而字士婚禮女子許嫁笄而醴之稱字其他如公羊雜記並有其文總不言醮則爲女子者一醮且無況再醮乎雖然孟子曰丈夫之冠也父命之女子之嫁也母命之命即醮矣冠禮之醮本應以父而以賓者蓋易子而教之爾昏義又曰父醮之而命之迎則父之於子冠醮昏亦醮且醮之即命亦可槩見至於女子之嫁以母命之且必至壻门而後命之如謂送之門爲己門而非壻门則何以曰往必敬必戒毋違夫子命辭即醮辭其又曰往之汝家者以醮畢而母返不入壻門故國策云婦車至門教送母還也今既無母送女至门之事而醮禮不可廢故以賓醮之所謂賓

者又大率謙讓不敢當稱願之意多訓戒之義少俗遂更其名曰祝壽然此禮不行於女未上車之前而行於女既下車之後實自孟子往送之门一語始女之有醮諸禮所畧但既爲孟子之所詳便是鐵據不得謂女子無醮矣至黄冠家科儀有懺有醮懺者自誓於神述其改悔以祈福祐醮者受神戒也禮家但言酒無獻酬曰醮似未盡其義以上見山陰茹三樵先生越言釋下卷

紹興縣志采訪稿

苙

孟子如追放豚既入其苙皃時讀而疑也豚則何以入苙今思之苙當如臘音今之豢豕者必以柵謂之豬苙柵是也北音無入既已讀苙如蠟即可轉苙為攔苙之者攔之耳今又以柵有攔義改之為攔除夕祭牛攔豬攔是也越人凡於半路截而要之不曰攔住即曰苙住且牀苙船苙竈苙無不言苙者或曰詩言荷蓑荷苙苙者草帽耳草帽豈可攔豬然詩又言臺苙緇撮緇撮在中臺苙在外在外而虛其中所以攔也且苙圓有圈形南人謂之豬苙柵北亦謂之豬圈也　以上見山陰茹三樵先生越言釋下卷

紹興縣志採訪稿

晏

晏者遲也論語冉子退朝子曰何晏也遲之耳朝朝曰朝夕朝曰夕朝退而晏蓋巳及午矣越人以午爲晝午前爲上晝午後爲下晝而以正午時爲晏晝或不言晝直謂之晏午食則謂之晏飯證之於古饗禮繁故早燕禮簡故遲惟其故燕亦作晏以上見山陰茹三樵先生越言釋下卷

三官

黄冠家奉三官曰天官地官水官見裴松之三國志注正是道陵家法在彼以爲天官最尊地官次之水官又次之其實水最尊天地次之何也八卦之數即九宫之數天一生水在北由北而東則震三而孔子謂之帝出乎震所謂帝者即天一之一矣故大衍之數五十其用四十有九不特不用一并不言一此不言之一謂之太一禮運言禮始於太一是也周子太極圖説則謂無極而太極老易本同原老子之言曰一生二二生三三生萬物因之有一炁化三清之説今之黄冠家雖有太一無極之名而不能心知其意乃於三清之外别立爲三官而不知三清巳屬强名況三官乎一既生二二乃并一而爲三天地者其二也一者其水也三官之水

官即所謂太一者太一則安得而不尊以上見山陰茹三樵先生

越言釋下卷

火神

天下皆祀火神，越人爲甚。然在會稽者曰火帝廟，在山陰者曰火神廟。火帝即康成之所謂赤熛怒者，月令迎夏於南郊，配之以炎帝者是也。此於禮爲不可，則祀火神可乎？曰：不必也。禮自天子至於庶人，皆有五祀。竈者，五祀之一，而竈即火神，則祀竈而已矣。且古之祀火者，報其德；今之祀火者，畏其威。於木於金未聞有祀者，而獨汲汲於火，祀火矣，畧之於竈而嚴之於火神，則非淫祀爾。淫祀何福也。以上見山陰茹三樵先生越言釋下卷

紹興縣志采訪稿

紹興縣志采訪稿

紹興縣志采訪稿

哉

或笑越音多哉字，然哉字莫多於二典，則越音三代以前之音也。且俞亦曰哉，咈亦曰哉。元首明哉，股肱良哉，庶事康哉。元首叢脞哉，股肱惰哉，庶事隳哉。一句一哉，雖今越音亦不至此。

以上見山陰茹三樵先生越言釋下卷

干

詩之言干者有兩義秩秩斯干則傳曰澗也寘之河之干則箋曰水涯也故停水處明是水涯澗出之地故於文旱从干孟子旱乾水溢之乾作乾俗亦有以乾从早以乾从旱者王荊公作字說於乾鵲之乾讀作虔而以乾健爲解謂之健鵲然孟子旱乾之義何可廢也按古凡腊物皆謂之乾腊人注以日乾之桃梅等果曰諸曰橑注皆曰乾然乾即干也於乾省筆乃作干不知其正合古義凡言乾者直作干可也以上見山陰茹三樵先生越言釋下卷

紹興縣志采訪稿

紹興縣志採訪稿

馬

射禮投壺禮皆曰一馬從二馬馬者籌也今用珠算不用籌唯博局用籌謂之籌馬但市肆中一二三四等字或改之以取便略如司馬潛虛蔡氏皇極數之文仍謂之打馬子又銀秤謂之平平必有馬謂之罰馬其馬以銅為之兩端相等而窄其腰蓋古者錠金之形俗塑魁星像左手所執者是矣陳澔禮記集說於檀弓棺衽謂如今之銀則子則在宋元之間原謂之銀則子罰馬云者平之而不足則當罰一馬罰馬其最大者故馬以罰馬為準也或曰豈有輕重未定而先以罰名者此法馬也凡馬以部頒為如法今直謂之部頒法馬以上見山陰茹三樵先生越言釋下卷

紹興縣志採訪稿

擊

擊打也禮注以殳為毃兵為其可以打擊人也越人以一打為一擊以再打為兩擊擊如記音此其字最古蓋毃固記音加手為擊加糸為繫但既曰打矣又曰一擊兩擊如所云打一擊打兩擊者此固後起之辭未免重出無義以上見山陰茹三樵先生越言釋下卷

烘

詩樵彼桑薪卬烘於煁舊説烘者燎也無釜之竈曰煁謂桑之爲薪乃薪之美者本可以炊煑今乃然之於煁祇爲燎以取明但古之烘以取明今之烘以取煖夫爐爲熏器邾莊公廢於爐炭則古原有爐但爐或從土或從金或從缶并是無釜之竈則煁亦爐也或者今之烘即古之烘乎又烘烘熱氣也宋人詩爭似滿爐煨榾柮漫騰騰地煖烘烘以上見山陰茹三樵先生越言釋下卷

紹興縣志採訪稿

淅

越中於除夕蒸米爲飯宿至正月一日至六日皆冷食謂之隔年飯蓋亦改火之義然爲日太久事不可行其後但取新正所食之米隔年淘之謂之淘淅米淅字無據當作淘淅孟子接淅而行是矣按孟子之淅即詩釋之叟叟之釋詩疏以蒸飯至半熟時以水灑之俟再炊爲釋然叟叟淘米聲也以水灑飯何叟叟乎今越人凡衣服器皿積垢膩多者浸之於水使潤起然後洗之皆謂之淅以水熄火謂之殺火亦謂之淅火潮氣蒸濕亦謂之濕淅以上見山陰茹三樵先生越言釋下卷

滴沰

越諺上火不落下火滴沰丙爲上火丁爲下火言丙者或不雨丁日必微見滴沰甚言丙丁之必雨也此其説頗不驗然升庵六書索隱引之又謂沰即篆之砅即厲字詩言深厲淺揭淺者揭衣而涉深當履石而涉沰兼水石故曰即厲字也此與以衣涉水之義特相乖反夫以衣涉水之厲即垂帶而厲之厲厲之爲履石不必有其義沰之爲厲又不必有其音此於經蓋踈矣或曰將若淇厲何曰淇厲之厲則瀨也潦身爲厲之厲可以瀨在彼淇厲之厲亦可以瀨矣漢人於淇梁曰石於淇厲又石無惑乎執篆以難隸者并以衣涉水之義而去之也越人又以水乾爲滴沰乾又女屐行石上其聲滴石謂之滴沰鞵工部詩的博雲间戍象析聲滴沰者

簷溜聲雖相近不能相溷以上見山陰茹三樵先生越言釋下卷

等子

易言稱物平施稱即秤也秤字亦古然自是一字兩出無别義或曰其名爲秤其用爲稱即多一層轉折矣近世市肆多用銀又有所謂等子者，據孟子由百世之後等百世之王則等者亦稱量之名以上見山陰茹三樵先生越言釋下卷

紹興縣志采訪稿

涕

詩之涕泗滂沱注疏曰自目曰涕自鼻曰泗易子齎咨涕洟注疏曰自目曰涕自鼻曰洟至衛風之泣涕如雨則以爲彼泣此涕故素問以泣涕爲兄弟蓋古無淚字涕即淚也今人則曰眼淚鼻涕

以上見山陰茹三樵先生越言釋下卷

忒

忒者過也，即已甚之意。曹風「其儀不忒」，則恭過乎禮、喪過乎哀，皆謂之忒。而況所謂鞠人忮忒者乎？忒者，蓋太之轉音。孟子「舜受堯之天下，不以爲泰」，作泰。左傳「貫笠汏輈」，又作汏。記文屢有以貸讀忒者。而說文作貣。以上見山陰茹三樵先生越言釋下卷

紹興縣志採訪稿

嚇

驚之爲嚇也以嚇固驚聲也莊子鴟鳶腐鼠之嚇是已然節南山之詩曰赫赫師尹赫赫之勢足以駭人矣又旣之隂女反予來赫皆作赫不作嚇以上見山陰茹三樵先生越言釋下卷

紹興縣志採訪稿

沉沉

史記夥頤涉之爲王沉沉者言其居之深矣注讀作潭潭唐人所云侯門深似海即潭潭之義故稱人之居必曰潭府通書相問候并及其妻子則曰閫潭越人以溺死爲潭只是沉屈原非抱石自沉乎學泅者没其頭於水中謂之没頭潭亦只是没頭沉唐韻乃有潭字作去聲不知潭字尚屬可刪何況潭乎至夥頤者驚羨而歎之之聲猶今所云阿咦者 以上見山陰茹三樵先生越言釋下卷

紹興縣志採訪稿

紹興朝日條約

斮

泰誓斮朝涉之脛國策東藩之臣後至則斮之唯後至故斮之亦将斮其足也伐竹木者必於其根一似乎斮足者然故無論以刀以斧以鋸皆謂之斮雖然詩言載柞芟者去其草也柞者去其木也蓋荆榛之類則又應作柞以上見山陰茹三樵先生越言釋下卷

山株

今越人砍柴既了又空其根賣之則謂之柴株其空之也用橛謂之山株橛或直謂之山株橛者掘也孟子掘地注海譬若掘井作掘左傳闕地及泉作闕而農書載古諺有云土滋冒橛耕者急發掘之爲橛久矣但杙謂之橛橛又謂之橇故以橇繫船謂之打橛子蓋木之全者爲根半者爲橛凡物之半而不全者皆橛爾禪人有乾矢橛之說可類也則橛自有木義在山株之較大者用之於田呼爲耜頭其實今耜非古耜古者牛耕未起率以人耕在易揉木爲耒斲木爲耜說文耜臿也古之耜頭大約如今之犁頭先直揷於土中而後以足撅之今南人之耜與橛北人皆有之然皆謂之橛頭以上見山陰茹三樵先生越言釋下卷

紹興縣志採訪稿

三江

越城北三十里有三江口蓋浦陽江之尾閭明時於此建閘即名之曰三江閘然所謂三江者浦陽江曹娥江并錢塘江也蓋浦陽入於曹娥曹娥既會浦陽并而入於錢塘然後由龕赭兩山以入於海故謂越之三江即禹貢之三江可也以會稽之水莫大於錢塘而水波又惡不可不經理之且震澤之底定原不必與三江既入為連文也但謂之國語之三江則不可謂即國語之三江亦可也吳與越之所爭正在此地吳既得越豈能忘甬東者但謂韋昭國語注之三江則不可蓋韋昭自以松江浙江浦陽為三江既有松江自不得有曹娥越之三江豈能近捨曹娥遠攀松江矣明時有績堰有麻溪壩以遏浦陽使由義橋入錢塘江則今之三江口

實無浦陽然三江之名尚存以上見山陰茹三樵先生越言釋下卷

靪

說文靪補履下也今人履破或縫皮以貼其底謂之打補靪然一切衣襪之屬破而補之皆謂之補靪并書有誤字穴紙而補之亦謂之補靪以上見山陰茹三樵先生越言釋下卷

提

弁彼鸒斯歸飛提提按鸒小鳥提提如匙匙群飛聲也以鸒飛之急疾當其歸也其聲提提然蓋群飛之翅聲也今人謂蝇聲曰提提（讀匙）謂蚑聲曰提提（讀匙）詩又曰蟲飛薨薨薨薨則飛而兼鳴之聲也或曰非也螽斯羽薨薨兮薨薨亦翅聲爾

又越人謂以手持物為提其音如馱提去曰馱去提來曰馱來此唯越人有之四方每傳以為笑不知是音之轉耳在諸經如犧之為娑也禔之為多也蟻之為蛾也陂之為坡也又何疑於提之為馱乎即如歸飛提提與我獨於罹叶則罹可作羅繼之曰我罪伊何又繼之曰云如之何亦其明証其他支部之入歌者蓋不可枚舉史記無且愛我乃以藥囊提荊軻也則提有投擲之義而如隋

珠抵鵲之類則提又作抵今越人於抵乃作丁之去聲亦音之轉爾或曰說文打擊也从手丁聲都挺切則丁之去聲仍是打字不必謂抵之轉以上見山陰茹三樵先生越言釋下卷

鯗

周禮之鱻薨鱻即鮮字薨者乾魚也今之乾魚多矣惟刀鱭之小者鹽漬之走四方謂之魚薨然貧者之饌爾今之乾魚大抵謂之鯗無薨名其音如想但鯗字於古無考古者乾物皆謂之腊故乾魚亦謂之魚腊所謂三牲魚腊是也周禮乃又有鱐字說文亦並出鱐字謂魚尾鱐鱐然已屬可省近之字書又有鱅字由腊而鱐由鱐而鱅無如其又鯗也又内則堇荁枌榆免薨集說以免爲新鮮薨爲乾陳言堇荁枌榆四物或用舊則凡物之乾陳者皆曰薨

以上見山陰茹三樵先生越言釋下卷

紹興縣志採訪稿

腄

據說文腄羮也然而內則膷臐膮之注以膷為牛腄臐為羊腄膮為豕腄南北史頓食鷄腄數盤証之則腄非羮也內則以膷臐膮并牛炙為豆之第一列其非羮之在鉶者可知說文乃以腄為羮者以腄固羮材也越之為庖者以其麤者實之盂盌之底謂之墊底以其精者飾之於面謂之腄頭腄頭之腄不特非羮之謂并非膷臐膮之謂然而腄之為名實自內則始以腄之在面也故取魚者结網為兠以掠水面俗亦謂之腄兠以上見山陰茹三樵先生越言釋下卷

秸

穀莖謂之藁編藁以爲薦謂之藁薦亦謂之草薦以藁即草爾書家由篆而隸由隸而草今人一切文字凡其屬辭未定將有所改竄者以草寫之謂之起草亦謂之打藁子朱子於裨諶草創亦言定爲草藁是也越人乃直呼穀莖爲草而以草之一小束爲一秸以草之一大束爲一稾秸即禹貢所謂三百里納秸服者稾字亦見說文似無可議不知稾字爲秸之轉音以大小分秸稾眞俗論也即如禹貢作秸漢書作藳又作萁其後之轉而爲稭何嘗有不典之字其實一秸字可了郊郊特牲稾鞂可以見鞂之即稾稾之即鞂矣注禹貢者必有半稾去皮曰秸以對上文之緫與銍而言不得不分等次其實秸之爲秸不必半稾亦不必去皮以上見山

紹興縣志采訪稿

陰茹三樵先生越言釋下卷

稻明

越人刈穫既了積而疊之於場謂之稻篷篷者編竹爲之舟人所以禦風雨稻則何篷也此當作朋字蓋古者五貝爲朋先列其三而如之以二積疊之義也詩之三壽作朋亦如此坤者三陰之積有朋象也故曰西南得朋東北喪朋以上見山陰茹三樵先生越言釋下卷

絡索

曲調有所謂金絡索銀絡索者其聲繁而促一氣不斷今人言語多而可厭者謂之絡絡索索蓋本諸此而北音無入聲絡索轉而為囉唆南人效之亦謂之囉唆或曰囉囉唆唆以上見山陰茹三樵先生越言釋下卷

績績

績麻謂之績績成之縷亦謂之績因而曰績績此如衣衣食食之例未有非也越語績麻之績仍本音績成之縷乃爲借音總之北音無入故入聲易轉也顧炎武曰借本音即唐人李曰杜甫元稹借字皆用入聲韻知借之可即益知績之可借矣以上見山陰茹三樵先生越言釋下卷

緯

紡棉者裹箬片於錠以收其所紡之絲重二三兩許則中豐而首尾瘠如棗核狀紡者呼之皆作予去聲頗聞皇甫莊有范夫人者督諸婢治棉既畢將以寄其女使織之令其子作書其子諸生也竟不知予之去聲當作何字夫人乃怒之曰嫠婦不恤其緯而尚不知耶始知緯字可以作予之去聲讀因憶越中市語凡嫌錢少者輒曰當不得經当不得緯亦作予之去聲此蓋支微魚虞之通彼訾為土音者自昧昧爾范夫人嘗隨宦經行閩中有句云江勢風飈轉舟師指頤尊聞者輒歎其似杜以上見山陰茹三樵先生越言釋下卷

抱

鷄之抱卵越人作步者爲蕭豪魚虞之通然扊扅歌謂之伏雌按伏字蒲北切轉而爲步謂去入之通二說皆可用宋字說易家言中孚之孚字从爪子鳥之於卵必爪之故孚者鳥之孚卵也不知唐棣之華鄂不韡韡不者鄂足當其華則不以承華当其未華則不以抱鄂也而木出於甲爲之孚甲中孚之孚即可爪孚甲之孚豈有爪乎今之麥皮猶謂之麥麩其實即孚字孚字實本於不字而乃謂小過之飛鳥即中孚之所孚者且惟恐人之不解也繪一飛鳥之形從中孚之二陰引頸張翅而出不巳近於怪歟今鴨雛不抱大率以火焙之而出今音亦如步音則培婁無松柏原作部婁此其爲通又無可疑者 以上見山陰茹三樵先生越言釋下卷

紹興縣志採訪稿

又馬

越俗凡祀神必以紙畫其所祀之神并紙幣焚之謂之馬如土地則有土地馬城隍則有城隍馬推其所自始蓋送行者必為行之具車馬不能車馬則烏可已也由是送神者有寓馬寓馬者或削木為之或結芻為之或糊紙為之迨其後乃以畫以畫之便也遂并畫其所祀而乘是馬之神凡一切冠服儀從燦然具備而馬之為馬日以沬矣但今臘月送竈具馬之外并具馬之芻粟則其意尚可想也至於家祭亦有馬無論高曾祖禰男女皆溷而同之然其名曰經旛推經旛之所自始在士喪禮未作主之前有重至溫公書儀朱子家禮代之以魂帛今家禮不復行遭喪之家大抵好作佛事群僧於誦之曰剪紙為旛書亡者之姓名於其上令人執

之以朝佛固有追暮而焚之者亦有立之於柩前以當魂帛者此經旛之所以爲纴旛者也家祭爲吉禮此畫而焚之者即謂之爲馬亦何不可而襲此凶喪不祥之名請以告吾鄉之士大夫矣以上見山陰茹三樵先生越言釋下卷

⿰女聯

越人呼其女如呐之平聲而不得其字或以為即衛風所謂邦之媛者然媛自讀院不得為呐之平聲顧氏音韵五書特出⿰女聯字謂以女聯為文即以女聯為切今以女聯切之與呐之平聲相距甚遠蓋女聯切為唇音而呐之平聲則齶音也聯子謂之孿則女聯當為孌衛風又曰孌彼諸姬以諸姬而言明有聯義但毛鄭以來俱以孌為美好未嘗以孌為女之聯說經自有家法固未敢凭臆附會而⿰女聯之為⿰女聯於古亦無根蒂况呐之平聲第以名其女非以名其聯夫俗音所始究不在遠所謂呐之平聲者不過是男字爾凡為父母者莫不憎女而愛男故往往女而男之男字與呐之平聲雖其音微轉要之與女聯之隔母者區以別矣王阮亭聞紀阿

紹興縣志採訪稿

男之名反訛爲新事形之篇什紀阿男聞之不悅遂成大隙其實天之爲女子者皆紀阿男也以上見山陰茹三樵先生越言釋下卷

蔡

禮曰離坐離立毋往參焉又曰長者不及毋儳言儳之與參一也而參之轉爲竄竄者竄而入之所以古謂流爲竄自此而言謂之流屏而遠之也自彼而言謂之竄本非其土之人而竄而入之也然竄又作蔡左氏傳鬼神弗赦而自竄於蔑林音七外反司馬貞史記索隱李善文選注其音並同虞書竄三苗於三危說文作𣀔音蔡禹貢五百里要服則二百里蔡五百里荒服則二百里流蔡仲之命曰蔡蔡叔於郭鄰今酒而雜之以水則謂之儳水糕而和之以餳則謂之蔡餳有群兒嬉戲有後來而闖之者亦謂之蔡或曰蔡當作揷不知揷又蔡音之轉以上見山陰茹三樵先生越言釋下卷

紹興縣志採訪稿

鄉里

五隣為里五黨為鄉周禮也鄉里者故所居爾漢人云老思鄉里願乞骸骨歸鄉里鄉里之義不過如此至六朝時漸有以其妻為鄉里者如我不忍使鄉里落他處已為異矣今越人所言鄉里乃作彼字用有問其人或其物之所在者則曰在鄉里猶曰在彼爾或刪其里而曰在鄉或複其鄉而曰在鄉鄉里尤不可解然有自他方跋涉而來其相為勞苦之辭未嘗不遠鄉遠里則鄉之義自在也古者郊以内曰鄉郊以外曰野曰牧曰坰皆野也故貴鄉而賤野先進曰野人子路曰野哉是也今乃貴城而賤鄉衣冠樸鄙則誚之曰鄉裏人亦曰鄉下老惟市井無賴慫睢無狀之至而後敢斥之以野蓋花之無名者謂之野花草之無用者謂之野草是

直以野為非其族類之名又越人謂家曰屋裏故唐人詩門外青山如屋裏而鄉裏人亦有謂其妻為屋裏者以上見山陰茹三樵先生越言釋下卷

儂

古詞如歡聞子夜之屬皆吳音皆自稱曰儂故謂吳人謂吳儂調之也但今之儂有異於古之儂者古之儂我而已今之儂在我曰我儂在你曰你儂此猶覿面之辭爾亦有其人不在而儂之者則謂之渠儂渠也者其也論語視其所以觀其所由察其所安其即渠儂之渠詩往往言彼其之子則其之由來久矣近捨其而遠取渠不知燈之為火也詩言毋我故兮不寔好也寔字古今無解不知北人自稱曰俺曰偺寔也者偺爾或曰不應兩言之中有我有偺然卬須我友一言之中已有我有卬今越之郡城自稱曰我渡姚江而東自稱昂以上見山陰茹三樵先生越言釋下卷

能耐

古之能即耐古之耐即能六經之能無作耐者惟禮記耐以天下為一家又人不耐無樂樂不耐無形形而不為道不耐無亂落落僅存今乞兒口中乃自言沒能耐真餼羊之存也有忍而後有濟耐即是能不耐者不能耳但因此遂謂能無奴登切音極詬大禹謨天下莫與汝爭能與矜韵為古文偽書之証則知其一不知其二者至於會者解也天下事必知之而後能之故又以能為會不能為不會 以上見山陰茹三樵先生越言釋下卷

紹興縣志採訪稿

紹興縣志採訪稿

必

周禮天子之圭中必必者瑑孔以穿組闗之於指使不墜也而詩亦曰鞞琫有珌以刀之為物亦當穿其柄而組繫之非以為容飾之美也今越人凡刀觿巾帨之屬凡繫之於身者不謂之佩而謂之必其字最古蓋佩特必音之轉耳又弓檠曰必儀禮加韋作⿰韋必而詩之竹閉緄縢作閉閉亦必音之轉然與圭必之解微異蓋木性直而弓則曲之弛弓之有檠也所以必之使曲也故言拗者謂之彆拗彆即⿰韋必亦即是閉即是弓檠宋人小說載東坡與溫公議役法不合誚之曰是鼈廝踢在俚言直訛為鼈字失之遠矣必則未有不拗者聖人所以毋必也雖不徵之弓檠亦可就字而得其義若鼈則何拗之有考工戈柲六尺有六寸左氏傳剝圭以為戚

柲皆作柄解然戈柄有孔以必於戈戚柄有孔以必於戚其義顯然今人繫物於紐端使與衣帶相關紐謂之必子詞家詠簾幙者往往及銀蒜銀蒜所以必簾幙也則必子之屬也遊山者以繩繫壺使可負謂之酒必以上見山陰茹三樵先生越言釋下卷

閉

王獻之保母甎宋時有樵者得之於越之黄閉嶺書家寶之竹垞朱氏曰閉者祊也廟门謂之祊所云祝祭於祊者是也此真讀書人之言吴淞閒水鄉多曰浜浜字與閉音同而義不可解意其濱也若黄閉以嶺名何濱乎吾越尚有梁閉賞𤄶秦閉雖水鄉亦當爲閉不當爲浜以上見山陰茹三樵先生越言釋下卷

紹興縣志采訪稿

呵欠

凡人當倦怠之時張口出氣謂之打呵欠曲禮君子欠伸撰杖屨言欠不言呵今既曰呵欠矣且呵從麻韵而欠如漢音已不可解至貧家一切鮭菜之類宿食未了架竹於飯上蒸之不曰呵一呵則曰欠一欠此越語之最無禮理而四方傳以爲笑者以上見山陰茹三樵先生越言釋下卷

簋

簋者盛黍稷之器其文从竹而注疏皆言以木為之然考工旊人為簋則簋固有以瓦者蓋注疏之所言者禮器考工之所言則民用也俗以椀大者為簋蓋其初本以盛飯寫之可以給一席之食即所謂添飯椀飯故有簋名明季尚豐腆始以盛飯之器盛羹胾近時餉客非簋不用矣即或寒素之家縮小其製而以簋之為名終不可改於是簋不為黍稷之器而為羹胾之器甚有讀秦風之每食四簋小雅之陳饋八簋而不解所以翻為簋何可以盛黍稷者至於盛飯之器大率冶錫為之不謂之簋而謂之觚觚者酒器其實五升而以盛飯此亦一變然頗聞鑒古家有養花之器名花觚者花尚有之何況飯也兒時家所用椀皆謂之宮如孩兒宮蒯名豐、系上宮采方高

花宮之類謂宮樣也雖甚窳惡必謂之宮近人亦不解宮義以上

見山陰茹三樵先生越言釋下卷

筅

雪洒洗三者一也洗字當讀先之上聲如十二律之姑洗太子官有洗馬之類今竈上縷竹而帚之以洗甑釜謂之筅帚其實只是洗帚筅者俗字耳乃茶具中亦有茶筅之名列之茶譜茶史且朱子家亦用之又今人縛茸毛爲小帚以拂除耳垢亦謂之筅耳知筅之爲洗以知巢由洗耳不過是此洗法未必以水灌之山居之民劈竹尾如筅形用爲鬭械則謂之狼筅以上見山陰茹三樵先生越言釋下卷

紹興縣志采訪稿

釃

古之酒謂之釃今之酒亦謂之釃而今之釃與古異今之釃壺而注之杯也古之釃以茅隔酒而去其糟也左氏傳包茅縮酒是矣釃之文从麗而濾有麗音濾者漉者漉也瀝也瀝又淋也今之爲酒者乃囊糟於牀而壓之謂之糟牀又謂之醡糟牀與醡其名並見唐人詩惟其壓而出之也古今之索人財者亦謂之醡曰麻曰脂麻曰柏子曰菜子曰茶子皆以醡取其油故油亦有醡或从木作榨又釃米以竹曰籭亦竹篩釃粉以紗以絹然皆从釃酒之釀始則皆可以釃概之其音或讀如衰以上見山陰茹三樵先生越言釋下卷終

紹興府志校言卷

風俗二

越俗五砭

于獻王繼香稾

砭局博

非其有而取之之為盗世有不畊而食不織而衣不工不商而金玉其車文錯其服温房清室清酤嘉肴名非盗而寔則盗者非博徒也歟哉而囊家則啗人以計餌人以利誘人以局即其窩盗者也嘗見三家之村十室之邑飯糗茹草各治恒業無一人一家有飢寒之嗟一旦有敗類者出設立博場則不及數年大率喪其資斧毀其室家非流為穿窬即淪為萑苻非轉於溝壑即拘於囹圄矣夫以博敗者什常八九其用之以富如太史公貨殖傳於所稱桓發其人者止什一二耳然且如唐花之烘煸隨落朝菌之早生夕枯世豈有鴆酒可以止渴漏脯可以療飢者哉無是理也夫古

今異宜即博具亦隨時變易古之五白六簿雙陸三局意錢握槊樗蒲葉子長行之類今皆不傳傳者惟骰子則大同小異耳且今之博亦多術矣骰子之外牙牌紙牌押寶詩包指不勝屈而甬之麻雀牌近尤盛行然行之最廣者更莫如廣粵東之花會鴿標呂宋之發財彩票甚至闈姓之助餉　奏准通行簽票之助振捐欵勒派嘻貴而宮掖賤而乞近而鄰里遠而夷狄大則一擲千萬小則一錢而命嘻博至今日至矣盡矣蔑以加矣然而一家博則亡一家一邦博則喪一邦一國博則失一國自古及今歷歷不爽可不戒哉吾越風俗向推勤朴絕少賭博間有呼盧喝雉者皆牧豬奴耳自同光以來則紈袴之子駔儈之流稍稍為之未幾而闤闠之徒衿纓之侶亦漸漸效之一唱百和日會月聚俾晝作夜朋淫于

家勝則揮金如土牆脚抽頭負則鬻產及田懸梁跳井幾幾乎一國之人皆若狂焉且往時命儔歗侶消夏消夜亦古人投壺奕棋之流事雖無謂戲猶近雅即計籌行采以決勝負亦悉協公平今則衽席之間忽設陷穽樽俎之地動伏甲兵機詐萬端鬼蜮百變雖以共事之友同姓之親而亦下活手發弩牙約從連衡和三攻一勢不至吞其鉤餌罹其罟罭不止直与念秧局騙一流舞殊於虜此猶得謂其非盜乎哉宋太宗淳化二年下令開封凡坊市賭博者皆處斬鄰比匿不以聞者同罪明太祖洪武二十二年奉旨下棋打雙陸的斷手蹴圓的卸脚桐城張文和公廷玉嘗引此二詔以為今之賭博者當解其腕或訊為過激之談其實敗人之財破人之家覆人之祀絕人之命即解腕猶不足蔽其辜也夫論其

事則廢時輟業損志益過敗行喪名傾家蕩産誅其心則失忠罔信去仁違恕背禮蔑義鮮恥寡廉不但此也博者之家無上下無內外無尊卑言行縱恣男女黷褻其流弊更有不忍言者有閑家之責者可不以身教樹之型哉

越俗五砭

子獻王繼香稾

砭淹葬

相宅卜宅見於書度隰原相陰陽觀流泉見於詩辨方正位見於周礼古人於居室猶慎重如此則孝子仁人之掩其親亦必有道矣孝經曰卜其宅兆而安厝之孟子曰且比化者無使土親膚可見卜葬之事固聖賢所汲汲而世乃有惑於風水禍福之說者則竟將所親已朽之骨以求子孫未來之福甚至有閱數十百年而久淹不葬者於孝此則忍心害理之甚者也古礼三月而葬 大清會典亦同律例則云凡有喪之家必須依礼安葬若惑於風水及託故停柩在家經年暴露不葬者杖八十 功令森嚴允堪炤守萬世試思罔極之恩至親之誼病不能治篡不能代何等痛愓

何等歉悚乃猶忍而為此且或借此以妄覬富貴利達尚得謂之有人心乎而問其家則曰地師未聘也孔兄未齊也兆域未卜也窀穸未營也年月未利也一棺戢影萬事都休雖逝者有靈亦未必能借夢寐以通辭趣子孫以將事從此置之高閣春秋展祀以外又孰從而顧問者況人事不可知浸假而疾病厄之矣浸假而婚嫁奪之矣浸假而訟獄累之矣且更有馳騖於官學者奔走於衣食者矣日月不居閱人成世一轉胸而星移物換桑海滄田而回首故鄉迢遙千里荒山一角矮屋數椽風雨之漂搖冰雪之欺虐野火之延燒蛟水之衝決與夫盜賊之發掘兵戈之蹂躪避不及避防不及防不得已而惟有听命於不可知之數徼倖於不可必之天而其人則食稻衣錦樂業安居且有酣嬉於歌舞之藪枕

藉予溫柔之鄉者焉忍乎哉吾嘗於春之初秋之晚展邱壠掃松楸所見山阪水溢田角陂脣或窋如蠶房或比如蟻戶或宿草繞屋或新楮懸錢然有一過而門欹椽漏日炙雨淋者焉有再過而犬撞前和鳥啄餘腥者焉有三過而夷為碎礫鞠為茂草者焉於虖此情此景行路者且目擊心傷而況其子孫親戚乎轉不如無主之柩猶有樂善君子檢收骸骼聚成義冢之為愈矣夫惻隱之心人所同具豈有相關一脉而竟置若罔聞者推求其故大率誤於窮乏者十之三誤於因循者十之二而誤於陰陽者又十之五營營然但抱奢願于其初而不冀日後之患出意外挽救末由也九原有知當不知若何飲泣若何痛恨也且夫古之葬親如漢袁安晉陶侃之倫以吉地而得富貴者史不絕書即青烏子錦囊經

檢沙經諸葬書果能獨得心傳避凶趨吉豈盡無稽然吉壤可遇而不可求使吉壤而可求則得之則地師之後皆公侯世禄之家長富貴矣足見地理之中仍有天理非可以勢力要之機智攘之諺所謂陰地不如心地是也吾鄉近年如壽駱嚴王杜徐之塋地皆以衣冠之族信庸師之謭言听山蟻亦曰山虎指山中土人也之詭計迫而爲出鬼入怪之舉妄舉盜棺換骨荒誕離奇而且訟累經年揮金如土卒至兩造之家皆破而所爭者非積水磽土即螘垤蟲窠悔之已晚淹葬者其亦可以猛省矣昔子程子嘗戒風水之惑而云惟五患不得不慎然五患中秖異日不爲城郭一事或可以形勢懸揣得之自餘道路溝池畊犂所及貴豪所欲四事亦皆無從逆料況今日者海禁既開異族紛至或建鐵路或開金卝又焉能保其

將來爲長治久安之策也哉且自來陰陽家言趨吉固未必譣而
不避凶煞則亟不旋踵又以見此事不可師心自用草率從事也
爲人子者惟有痛戒因循廣營爽塏多造窨壙而又不求富貴不
圖名利不奪人所有不侵己所無但得無蟻無水無凶無煞者便
即安窆則人事既盡此後家運興衰悉听之天命而已矣

越俗五疑

子獻王繼香稾

疑淫戲

俳優侏儒于古有之自唐及元相沿尤盛明之士夫往往家置樂部自度新腔名人文集多綴詞曲　本朝承其陋習　京師戲園林立未嘗設禁　朝官宴集侑觴折簡非此不歡而凡公車下第才人失職寄藉此以陶寫哀樂排遣幽憂良以睹柔曼之容聞幼眇之声致纏綿之思因之飫情醉心回腸盪氣品題不足演為詠歌如同治初璱璃廠書坊所行明僮合録者膾炙人口迷離撲索朔舉國若狂不知首善所尚四海風行踵事增華变本加厲固非一朝一夕之故也吾越風俗樸厚夙以浮蕩為戒惟春秋廟社例演雜劇皆土音俗樂令人觀之思睡余八九歲所見所聞非高調

即乱彈耳及十五六歲時郡中巨商張氏自海上滿載歸酬愿於府山後張神廟則始演京腔俗謂之徽班其價視高調乱彈蓋三四倍中有冶伶靚妝刻飾妙串新声一二輕薄文人又標榜之勸酒贈詩塡詞題扇遂至声價艷然洎同治初雖退徽班逾盛價亦逾高大家宴會非此不足以娱耳目樂心志乃不意近年又有所謂鶯哥班者皆失業無賴子所集成者也塗抹青紅百端標弄曼歌俏舞音靡調哇科諢滑稽多道市井謔浪語聞有村市演劇一晝夜而一月以内十里之中貿嫠寡孀不期而改志失節者多至二十餘人則甚矣淫戲之為禍烈哉夫嗜慾猶水也隄之防之猶恐莫能遏制而況導其流揚其波有不沛然浩然橫決如江河者乎考自來院本戲劇雖極鄙俚無文亦各有福善禍淫之意微寓

勸懲乃今之點戲者如食雞取蹠衣狐集腋從未有全本搬演者致首尾関節一概抹煞遂令觀者懵如而鄙陋之徒侶無知之婦孺但窺其一段半齣嘖〻稱羨以為奸盜之事人人可為且稠人廣衆中尚可覥然言之而公然行之從此肆無忌憚種毒方寸一旦薜荔邪緣有觸即發不可遏抑皆由此淫戲階之厲也且夫酬神賽會宜如何誠敬乃忍而為此狎媟之狀神灵赫濯必當震怒不將求福而得殃乎若云宴客則遇嚴氣正性崇礼守法者亦必坐席不煖攢眉而去矣嘗見衣冠之會慶賀之場賓主酬酢於堂上優伶裝侮於階下窮形盡相褻嬻萬般少有廉恥者已不能安坐乃竟有色舞眉飛歎賞喝采恬不為怪并惟其婦人而聚觀者焉市井小夫無論已吾不解搢紳世族而亦好之紈袴少年無責

已吾不解老成持重而亦樂之豈彼躬蹈蕩佚猶以為未足而并欲驅一門之長幼一鄉之男女盡納諸幽穽之内同入於禽獸之門是誠何心哉噫怪哉竊謂儒學職司禮樂宜飭各班月呈戲目恭請裁擇舉凡淫亂叛逆之劇一概芟削淨盡如有再犯無論開戲之家點戲之人演戲之伶俱送官嚴懲不貸果能同心協力嚴肅整齊不及十年自然風移俗易而崇雅黜鄭之誼家喻户曉自然視聽皆端門庭共肅知無形中之保全多矣至近來西洋鏡戲肩僭之間机關牽捩則鏡畫人物手足皆運動如生且高唱小曲間以鼓吹行路婦孺一經寓目鮮不移情年少者横開情竇顛翁者隱釀虛勞其流毒於人心風俗與淫戲正同亦宜約同官紳一律禁絶以端風化余兩見所及髮指眥張不憚大聲疾呼以作當

頭棒喝見者慎毋笑爲頭巾酸餡氣也

紹興縣志采訪稿

越俗五砭

子獻王繼香稿

砭厚嫁

洪範九五福二曰富列壽之後占貴之前富厚福也求且不得焉有得而諱之者然吾觀士子之入學也謁師具贄稱家有無于是萬諱千焉千諱百焉必極至一貧徹骨而後已顧惟士為然耳自近世用兵国家徵餉於藏富之家諱富為貧者遂十而八九然則諱貧為富者有諸乎曰有為子若女之昏嫁也昏嫁奈何曰高門大族攀龍鱗附鳳翼侘得侘失若恐不及于是侈百以為千侈千以為萬聳人觀听以冀得一當者蓋有之矣顧昏娶則利其匳贈耳嫁女何利乎而不知嫁女之諱貧也為尤甚夫人雖至愚極惷其於取与出入豈不甚明乎時雖一錙一銖一絲一縷斷斷如也

即遇骨月親戚尺布斗粟亦反唇相稽反眼相向所不恤也而獨至嫁女則不然未嫁以前則自女之衣食服御寢處以至纖悉無弗豫備也既嫁以後則月有餽節有遺歲有餉時有獻疾則贈葯妊則餽食産則服飾之具湯餅之需亦無弗畢致焉即至婿家之一門內外長幼喜則賀壽則祝病則候喪則弔不特使婿之一家豁壑盡填而後已且使婿家之戚族臧獲人人各饜所欲同声稱許而後已婿家而貧且貪焉是固然矣即富而廉者其所致亦不稍殺也母之溺愛其女者宜若是矣乃醜然為人父而亦惟恐婿家之少不當意而遽欺陵其女也者始則一二富家作俑而舉世之謭貧者遂靡然從風積習相沿牢不可破嘻過矣是故田宅可斥也衣食可減也親柩可淹也鄰里之急難可坐視也姻亞之

酬酢可縛節也，而獨於嫁女則不得不厚也。吾見夫損魚菽之供為釵鈿之費，借百日之債製五時之衣者，比比然矣。且猶恐壻家知之而故諱之，無而為有，虛而為盈，栩然以自相夸飾者，又比比然矣。其壻家而猶以為未饜，則必將私貸於宗族親友以益之。其宗族親友而未應其所貸，則其父若母不敢恨壻家之無饜，而轉致恨於其宗族親友之不肯竭其力而給其求也。嗟乎！割他人之股以行孝，人猶譏之，況剜他人之肉以行慈乎？豈不謬哉！迨至因厚嫁而債事，而叢謗，而速訟，而斁家，而傾產，而致憂且病，其女與壻有若不聞不見也者。其女而貿矣、寡矣、夭矣，姑無論，即女壽而壻富且貴焉，其能反哺酬恩者有幾人哉？且有聞母家之使而閉户以拒者矣，有親沒而欺其內弟且攘取所生者矣。諺云：女生外

紹興縣志採訪稿

向厚嫁者其亦幡然悟乎夫厚慈薄孝千古通病彼千金之子百乘之家坐是而貧者亦何足惜獨惜貧者習見習聞忧其己之不克厚嫁因而忍心害理出於溺女是皆諱貧為富以厚嫁者殺之也然則欲戒溺女者必自戒厚嫁始

越俗五破　　子獻王繼香稾

破刲喪

礼曰鄰有喪舂不相詩曰凡民有喪匍匐救之夫曰鄰曰凡民其無親誼無服屬可知已而一聞其有喪則尚同其憂患而舂不忍相致其匍匐而救不容緩而況休戚相關門楣相耀𠁽葭莩之末締蔦蘿之好者一旦變故猝乘持弓會弔宜如何相恤相保相扶持相慰勞豈曰賓賓姻婭痛癢無關而可破涕為笑無理取鬧乎從未有乘人之困傾人之危樂人之戚幸人之災毀人之廬糜人之財恩孤誼負親叛情乖設机行詐干嫌犯猜如越俗刲喪之可哀者也俗於婦女病殍者則必訃告其父母兄弟其父母兄弟或老病疲憊則命其子姪及婦孺奔向其喪以唁其生而弔其死或

遺以衾襚或奠以楮幣或贈以賻賵或資以明器抑或存卹周旋料量布置綴足楔齒唅貝唅米助其司書襄其執事此亦向喪之常情礼凶之俗例也乃有貪鄙之妯婆(嫂)很戾之敗類當演疾之始即陽為綢繆存問殷勤餽遺調護其飲食伺候其藥餌而陰窺盤據其房幃窺伺其牀第進退其醫巫顛倒其篋笥迨彌留之際則參賛其承嗣干預其權利且有侵盜其衣被隱匿其簪珥者及屬纊以後則附身之具飾終之礼吹毛索瘢百凡求備貧者軋之富者摘之弱者嚇之強者壓之加以婢媪之挑激僕從之践踏有則攫無則索簡則劾陋則駁甚者恐之以相驗脅之以訟累恫喝張皇多方挾制一若其女之喪乃其翁姑与夫壻無罪而致之死地也者嘻異矣是故持之益急爭之益力情有萬殊事非一轍有病

寔無害入妄用刀圭誤治而使其夭折者有氣尚未絶厚著棉衣傷暍而速其殞歿者（族有姪婦殇後憑人而言謂其父兄强著重棉過熱而死且言新衣數襲本欲留嫁其嫁女今不可用頗有怨言）亦有强名僧道覬覦懺悔以掙惡業者有預索佛事翦留鬢髮以逭辠孽者且有洒淚於尸裝粉於面寘物於棺俾之為厲為祟以逞其詭譎者嫉忌固執杳冥恍惚机詐千端離奇百出摘其隱衷必使其女之奩贈空諸所有而後慊并使其婿之家產罄盡無餘而後輟豈不悖入哉而喪家則吊客在門孝幃在堂雕攫鷹瞵梟鳴鷙搏者又在堂室滿室在房滿房誅求無藝如虎如狼搖脣鼓舌跋扈飛揚是以蜷曲弟靡迫促蒼黃鷸蚌相持出入徬徨一則如泰山壓卵而糜碎無所一則如滄海填石而銜冤不逞一則如推車上峻阪而力已無餘一則如揚帆乘順流而勢

莫能當萬不得已而東奔西走尋親覓友背汗出撥目瞳眵豆乞師解圍踵門求救設令易地以觀當不知若何承受是直逼婚媾而冠矣蓋由其平日恃豪倚勢眈眈逐逐予取予求作威作福甘言重幣猶未饜足諂笑脅肩猶被摧辱乃至氣結声吞憤含怨蓄神志回惶肺肝堙鬱宜其至此而大放厥詞盡洩厥毒逞其恣睢而快其報復也然當夫徂暑彤彤蘊隆蟲蟲院窄衡日牆高障風五更之毬飛白九蓮之鐙通紅（俗以更毬樹杖短竹削簽長柏烘鐙為喪儀）蠅出帷而集饌苍感悅以撒霧繚經外擾壁紛內訌稽日延時人囈語詾聚訟未定腥聞已渺逝者腹鼓予者鼻邕之鮑魚以亂臭焚椒蘭而無功乃至襲斂之頃膜綻肉鬆地衣血浴夸牀冰融著指如膠徧体流膿啟手啟足設措無從魑嘯作於楹楣穢氣散乎

房櫳豈非害乎喪家者尚有限而自害其女者尤無窮也哉笞壜滙妻某氏喪妻其母家居城市本鮮城市（廉恥）招邀無賴三四十輩魋結㨪踵舳艫銜尾驫駴飍矞鼓譟而至至則毀垣折檻樀槃拋器餉以酒肉悉覆諸地猇勇鵰悍磨拳戟指洶洶尋衅殆無人理于時村中耆老代抱不平抑強扶弱告衆鳴金一呼百應協力同心牽舟就岸伐卿誅朋械其親屬縶諸兩楹蓋棺事定始釋之行若曹飢困毒楚奔竄如鼠隸訟諸官亦復見拒於孝若此村隣耆者誠無懟風人匍匐之語世之毆喪者其亦聞而儆悟見而知懼也乎夫以賢戚茂親之分而視為戴天誓日之讐以鱗萃蟬嫣之誼而妄用蠭蠆蜮射之謀況當危迫之際擾攘之秋不急其難不分其憂既未敦夫夙好寔有愧乎前脩而復乘間抵隙屬怨尋仇墜

坑穿而下石听帷幄以運籌千言要挾百計苛求樌窰親若猖狂之胡虜使嬌客作對泣之楚囚曾亦思復會之方長忘當日之相攸設狭路以相逢將極劍其誰尤語云雖有小忿不廢懿親試為之揆情度理瞻顧夷猶其忍而為此而恬不知羞者蓋未之有也

猶憶吾家五姊于歸于陳維時癸亥之夏避地花涇之濱大兵以後疫癘滿村陳氏上自重慈下至僕人罔不榭牀殿保飲藥吟呻秭聟吉蓀宦遊十閩吾姊則循〻然次第調治備嘗苦辛已而闔门皆愈而吾姊則一病不振良以朝染夕醺刻骨穿筋延至五月二日而超然返真其姑曰史訃告母氏吾母乃挈余乘舟馳唁哭諸隷次史號泣曰昊天不惠冢婦即世〻安得復有賢孝如此者頓搶血流擗踊不已吾母則反袂雪涕轉相歔欷史將質田市絹為

襲斂計吾母又力止之請易以布戒弗過侈并畀以舊藏徧拊俾逕蕆厥事史乃稽顙感浹肌髓其族人亦同声嘆異謂自來母家送死未有体恤經紀若是者也後四十年壬寅十月我介婦宋去世其母來送喪亦未嘗求全責備三黨六姻咸嘖嘖称其知礼然則世家舉動閭里所宗果能家喻户曉振聵發矇去澆即朴肅然向風念兹親親之誼卹彼偲偲之容又奚至忍心害理喪末亡終也哉

紹興縣志采訪稿

越俗儥砭

子猷王繼香稿

碊陽鱎 說苑作鱎新序作橋

宓子賤將宰單父往别陽晝陽晝以釣道二言送之既至則有冠蓋迎之者交接於道子賤曰車驅之車驅之陽晝之所謂陽鱎者至矣乃舍之而就其耆老尊賢者而諮諏焉於是單父大治由此觀之今之爲陽鱎者蓋無邑無之矣越固澤國宜其尤衆亦即陽晝所謂味薄而不美者也然以吾少時所見鄉之陽鱎有出鱣堂者焉有躍龍门者焉有佩魚袋者焉有列鮐（鮐）耇者焉且間有直如史猷鰌佞如祝鮀勇如魚石信如鮑叔牙俠如鱄設諸樸魯如骨鯁如殷襄族望如鮮于世爛如鮭陽者焉今則釣者每（每）況愈下而陽鱎亦愈出愈奇噞喁呴沫飲濁茹泥堂堂策策鮻鮻鯉鯉懷

嘆墨之智而無箕袋之遺具針鋒之体而有吞舟之思鯷人之冠被以炭〻鮫妾之珠盜以纍〻飛涎歕浪擢尾揵鰭乃至一寸二寸作其之而婢鰻之屬苗秧之微纖如鰯鰏細如鯤鰯惡如鰌鰃猬如鯪鰤鱵如鱲鰯毒如鯸鮧亦相率旅行潑刺游泳追隨尾銜鱗次鯽鰈參差投綸錯餌迎而吸之矣而釣者方且如虎得倀如獵得狼如師旅得嚮導如嬰兒得乳娘漸至倚作牙爪薄出厚納冒于貨賄獘政為賊聚斂塲積實不知紀極銀市踊貴駔污狼籍百里之民謂之饕餮而碭鱎則酬醋吏胥奔走牙署隨波逐流吞腥吐腐畏首畏尾鯽即鮒附如城占狐如社憑鼠佹勢假威翻雲覆雨事無大小非錢則侮訟無曲直有金則護弄法舞文婪索巧取鵰攫鷹𢴿熊據狼顧於是閭閻血肉供其噬剥井里膏脂恣其劍

剏塘牐有經費也則漁奪之書院有膏火也則蠹蝕之社倉有庤儲善堂有膏腴也則乾沒之且正供有定額也則掊克之攤捐有科派也則私攫之斥鹵有漲沙僻壤有涸田也則占据而臠割之其又甚者仆其殘碑去其故籍以貽後患而滅陳迹明目張胆吸髓敲骨恨皆切齒罪難擢髮鄉評不憚國法不懾天理不畏人言不恤是誠别有肺腸敢於造孽者也夫以彼鈎者飽即颺去得則旋回前者甫往後者復來求魚徵粟破卵刳胎貨賂相市吏役為媒伊籩篋之不飭量斗筲以論才以視昔之四晝太守十錢主簿殆足以交手抗衡援踵追陪者矣而陽鱎則子子孫孫世守弗遷親親友友朋比為奸非累葉承襲則推愛夤緣或柚豊肥於苞苴或分畸零於貨泉逢人則口蜜腹劍媚官則婢膝奴膝顔馴至含沙射

影别有薪傳魍魎狗苟横攬利權宜乎怨气障日勢燄熏天彼闤闠细人市井之卒猶或逐臭坿羶趨炎附翕執心為之傾目為之側徒見其里第殷赈財產豐殖田宅盡山川之美錢絹若邱陵之積以為世世無貧賤之憂飢寒之虎矣豈知人滿則天概多藏則厚亡心夸体汰驕奢猖狂悖入悖出天道之常雷霆一震鬼蜮立僵以余所見所聞有一傳而餒者矣有再傳而匄者矣有三傳而廢者矣且有及身而殆者矣豈惟是詈千家唾百喙玷先芬辱百禄代云尔哉且夫彼釣者漁利雖工腥聞難盖侈京觀之築狂肆鯨吞戴惠文之冠徒工蠹媚卒至封使君化虎於易簣冥律難寬盧州師作獺於焦湖輪迴同唬理有固然事無足怪方之陽鱎之一身鯹鰈萬鱗剉刈焚鯢膏而糜爛入鮑肆而臭穢依然一邱之貉

枉作横行之蟹，生則互為狼狽，殂則化生螋蟲，孰得孰失，孰利孰害，豈非一氣沆瀣，同此憒憒者耶？抑聞家語：孔子嘗使巫馬期入单父界，觀子賤之政，聞夜魰之對，得魚輒舍，無小無大，以為小者名鱦，大夫欲長大者；名鱄，大夫所愛。是以二者得而復貸，豈非化行於野，令不敢背，肅驗宵漁，政成報最者哉？昔老子有言：治大國若烹小鮮，謂撓之則碎也；天網恢恢，謂疏而弗漏也；魚不可脫于淵，謂柔弱而剛强敗也。試觀韓昌黎刺潮州而鱷徙居，陳堯佐判潮州而鱷服罪，足見忠信之寔，格彼豚魚，貞靜所孚，化被鱗介。而況我無欲而民自朴，正乎己而邪自退，故官秉懸魚之操，則道不拾遺；家有封鮓之賢，則民自相戒。然則君子在位，貪壬自畏，畢好雨從，草偃風邁（四字用文心雕龍語），彼為陽鱎者，亦當躍然以悟，愕然以駭華面洗心滌腸易胃點額綦鬐鱗批骨蜕將穴丙以潛伏免庖丁之謀解從此網開三面詎坐困於豫且何虞柳貫兩頤恣評量乎駔儈又奚至銜索泣枯渡河逐隊作釜中之烹元梓工之繪没齒含慚刻骨貽悔效鼉憤与龍愁竭黿鳴而鱉喟鸞刀小試尚叨餘論于齒牙兔官工摹猶覬留形於圖畫也哉

五月廿二號

越語證古

止軒脞錄四種之一　王繼香纂

謦

謦字為越人語助開口即是外鄉人傳以為笑其實此事見於史傳如爾謦甯謦之類不可僂計王伯厚困學紀聞及近人訂譌雜錄引證甚詳

弄

越語以作為弄如欺侮曰作去弄猶言戲也他如泅水曰弄潮吹笛曰弄笛則此語由來久矣按漢書昭帝紀始元元年春二月已亥上耕於鉤盾弄田注謂宴游之田天子所戲弄耳故温庭筠奉天西佛寺詩云至今南頓諸耆舊猶指榛蕪作弄田是漢時已有斯語天子且然況齊民乎

大師

越語以大都為大師或曰大家按都家古音本同按師訓衆書堯典師錫帝是也或作大勢亦通

咅婄　說文咅或作踣

越謗不然其言曰丕讀若胚按說文咅相與語唾而不受也从从否否亦聲天口切又咅不肖也匹才切

攛掇

越語以慫恿為攛掇按韻會小補誘人為惡曰竄俗曰攛掇今誘人為善亦用此二字也

作梗

越語以阻撓其事謂之作梗按張衡東京賦度朔作梗李善注引

毛詩傳曰梗病也謂爲人作梗病者

明唐

越語呼院爲明唐唐空也詩中唐有甓露而不屋故謂之唐夾屋小巷亦曰弄唐

伐

越諺以次爲伐按書武成不愆於四伐五伐六伐七伐乃止齊焉注伐擊刺也

頓

越語以暫住及食次爲頓按史記王翦傳三日三夜不頓舍注頓訓止也又增韻頓貯也宿食所也

靃靃

越諺以冒雨爲霍故語小兒云鮮雨霍霍按廣雅云大雨霍霍

偎

越諺以手熨物曰偎讀若烏音去聲或即熨字之轉音家語作嫗

洪

越俗以山水暴發曰發洪去音蓋即洚水之洚也按集韻洪又音絳古巷切宋史嘉定六年六月戊子諸暨縣風雷大雨山洪暴作漂十鄉田廬殆亦出蛟發洪之類歟又田藝蘅煮泉小品云澤感而山不應則怒而爲洪可證

屏當

俗云摒擋本作屏當按晉祖約性好財正料財物客至屏當不盡

欄柄

欛音霸或作杷刀柄名類篇枋也枋柄古今字丹鉛錄得此欛柄

𧝾

越俗以紙藉物曰𧝾𧝾墊也按字彙補𧝾他計切音替也䶀易曲也曲疑笛字之誤又鐀匵抽斗曰屜疑亦可通

嬮嫪

越俗呼賤下無恥曰嬮嫪按說文嬮過差也論語小人窮斯嬮矣世人罵淫曰嫪毐

步尚

越俗貧家育夫故而別招後夫贅於其家者曰步尚按史稱招國壻曰尚如某某尚某公主是也尚訓上以國壻尚主猶言館甥也步者效也殆效尚主之意爾

囮

世以詐索人財曰訛其實應作囮字按許氏說文囮五禾切或作圝又音由讀若譌譯也率鳥者繫生鳥以來之名曰囮

㚻

世以兩男相淫謂之雞姦謂效雞之姦也按律有㚻姦罪條將男作女見楊氏正韻箋又按字彙補㚻居希切音飢則雞姦之雞實應作㚻

又按正字通高麗用中國字獨以姦為奸字奸為姦字又按姦或作姧

也　乜

說文也女陰也篆作𠃵古文作廿徐氏鍇以為象形而解經者輒

以爲語助字何哉予按也字音與乜近則與越諺之呼女陰適合今之村夫俗子矢口穢褻動輒以女陰作語助然則古人質野亦以此字爲語助理或然歟

華

俗呼分瓜曰架架不可解實即華之譌也按禮記曲禮爲國君者華之注華中裂之不四折也又爾雅釋木瓜曰華之集韻華呼瓜切音譁

禁架

越人以重疊爲更加予謂應作禁架元人詞中嘗用之陳珊士前輩壽祺詞中亦數數用之後見茹三樵先生越言釋上第十一尤詳哉言之

窗筍

越筍凡五味則窗筍爲最茹先生論窗筍其言甚辯然鄙意不如直書作團筍蓋五筍之形冬筍獨團餘則否

醭花

南方卑溼每至黄梅時節到處霉黴越人呼曰出白花實則應作醭花按醭音朴醋生白花也

髹一䰍

越俗以桼揩物曰桼其桼之下者曰油按油應作髹許氏說文髹桼也從桼髟聲許由切　又說文䰍从桼包聲匹皃切桼垸已復桼之疑即今之重桼曰退光漆者也

店

令人列肆曰店非古也古人貿易日中爲市日入則散故呼市爲集爲聚（今北方尚以此名其地）亦爲虛虛者擇曠地而占之陳其所有以待沽者也（若今世之地攤者然）其始市道漸盛轂擊肩摩所占之處不足以動人耳目乃累土若几肆物於上以廣招徠遂以占爲坫矣其後艱於營運困於風雨增華踵事因而屋之遂以坫爲店矣沿之今日日異月新華以刻琱絢以金碧奢侈過於梵刹壯麗絜夫帝居僭竊驕泰不可殫言而窺其所蓄大率金玉其外敗絮其中覘其所主又以駝之佞朝之美兼挾鬼域之技者也衒鬻之餘詭譎叵測是又白澤所不及圖禹鼎所不勝鑄噫若是店者不誠爲市道之玷也哉

店王

越諺呼佐肆者曰夥計謂同夥共謀生計也呼主肆者曰店王謂店中之主尊如王者也論其富則貨山貝海百鎰千鍰論其尊則頤指氣使一評百諾論其侈則曳錦被繡列鼎重茵論其權則退淵進膝吹生噓枯二府訂為昏姻一門讓其雄長以王其店誰曰不宜然或謂王字加點蓋析主字而言也若吳人呼為老班甬人呼為冷字則未詳其義矣

泉客

越俗販鬻骨董者曰箱客謂足以箱制兩家也予謂此泉客之誤耳按述異記揚州有虵市疑地之誤市市人鬻珠玉而雜貨鮫布蛟人即泉先也又名泉客云云予思古人貨泉二字本通用則泉客實即貨客耳

夃

說文夃古乎切益至也秦以市買多得爲夃又引詩我夃酌彼金罍

升官圖

越俗歲朝每以骰子六枚擲升官圖以卜官位高下按開元天寶遺事都中每至正月十五日造麪繭以官位帖子卜官位高下或賭筵宴以爲戲笑其即升官圖之濫觴歟

活手

俗以博徒能上下其手者曰活手按晉書劉毅傳東府聚摴蒱大擲劉裕按五木久之即成盧焉注按手摩也殆即今之活手乎李習之箸五木經其法雖與今博具不同而能上下其手則一也

兜肚　抹胸

兜肚抹胸同物異名越俗男女皆服之按釋名抱腹上下有帶包裹其腹上無襠者也又南史齊和帝紀百姓及朝士皆以方帛填胸名曰假兩實即抹胸之權輿也李越縵先生嘗與周叔雲陳珊士諸前輩孫蓮士徐寶意諸公賦美人抹胸纖豔綺麗直欲前無古人後無來者矣

篣

竹器曰篣音待見徐相國光啟農政全書

籆

俗以紡絲為學絲蓋籆絲之誤按籆亦作篗實搖字之音轉耳

橋籃

俗以筐為橋籃以其柄曲如橋可提可挈即古人所謂提筐者也

𣝅

說文𣝅小束也古典切讀若繭越俗呼草之小束曰檢實𣝅之訛耳

揫

越俗以箍為箹按說文𩏮或作揫收束也昂由切則箹本揫之俗體也

咼　𠱃　竵

俗以不正為歪其實應作咼字按說文咼斜口戾不正也又𠱃不正也又竵立不正也

𧺆

俗以身踊擲曰透其實應作趯字按趯與透字即跳字之音轉也

瀾

俗以浮水爲湍上聲或讀作呑上聲實應作瀾呑音上聲

戽

俗以物去水曰貸實應作戽按字書戽荒故切去聲入七遇韻

旻

越俗以目語人曰颯眼按說文旻舉目使人也讀若颰大劣切則颯眼當作旻眼

取

越諺有剜出眼中釘之語或謂剜宜作擭按說文取搯目也烏括切則以此字爲正

屬

諺以記數曰注其實應作屬按周禮　官五屬六屬七屬疏屬音

注

舀

越俗以杓取水曰舀从爪从臼說文舀抒臼也詩或簸或舀或作

抗以招切从手从宂所謂挹彼注茲也

杜舉　杜撰

俗以家製爲杜舉二字見禮記檀弓杜蕢揚觶謂之杜舉其文字

不典者曰杜撰

杜蠻腔

越諺以不合規矩爲杜蠻腔蓋謂破律敗度近於蠻俗之歌耳徐

天池嘗有此三字印章

摸索

越諺以舉動遲疑爲摸索按高誘淮南子注摸蘇猶摸索摸摸索索有所求而未得也

皸瘃

俗以手足寒裂謂之凍燭亦曰春圻實皸（音軍圻裂也）瘃（音足寒創也）之譌耳按趙充國傳手足皸瘃又莊子不龜手之藥龜音軍音義與皸正同然則越諺所謂凍燭者蓋傳其語而失其字者也（俗以燭油可治凍燭故謂之凍燭）

快慢

越俗以遲爲慢以速爲快或以爲不典余按詩鄭風叔馬慢忌降

至宋元則詞牌曲牌名慢者尤多即慢聲低唱之慢元曲有馬兒慢慢行車兒快快隨快爽也利也快船快馬快刀俱可證

歡

俗以小兒稱意曰獧讀若環余謂環訓近薄此殆歡字之聲稱耳他如貴之音舉鬼之音主緯之音與鋸之音蓋皆其例也

尲尬

越俗以事不順曰艱蓋其實應作尲尬按許氏說文謂行不正也說文又有尥字謂行而脛相交則行不便段注引蘇諺亦同

了戾

越諺侮人曰料理按淮南子高注應作了戾謂纏繞不適也郭注方言王注素問亦同

頂缸

俗言强出頭曰頂缸按章太顢大來後甲集引雪濤小說中有引金陵人語曰猪婆龍為殃癩頭黿頂缸詳見後甲集下記原第三十一葉

作獺

越諺以狼籍為作獺後甲集引南唐近事張崇帥廬州不法一伶人假為人死有讁當作水族陰府判焦湖百里一任作獺謂二字本此余嫌其不甚確當鄙意此二字乃足蹋之意猶言踐踏蹂躪也

嫗偎污穢

越諺以身擁孩俾之取煖曰烏讀作去音實即嫗咻之嫗或即偎抱之偎蓋偎嫗二字一音之轉耳後讀劉子人譜類記警嫌疑第四曾

男子學柳下惠一則注云莫夜之女急而投生何至嫗之懷中則古人已先得我心矣按家語柳下惠嫗不建門之女國人不稱其亂則劉子用此嫗字蓋本之家語非杜撰也

又諺呼下　爲汚亦即穢之轉音

男

越俗呼女爲男若別有一音者實則凡生女者無不望其生男或愛女之如男或呼之冀其招男亦有名招弟者習俗相沿一若女之別名曰男也者此予閱世五十年而始悟也王漁洋詩有紀阿男之語則揚州人呼女亦爲男矣固不獨吾越爲然也

越社婚喪祭祀簡章

越俗素稱醇樸年來婚喪交際日競侈靡習俗所趨幾至懸崖其誰勸馬實業不興飢鴻滿野若不知反富者墁藏誨盜貧者挖肉補瘡是古人作禮反以為災故曰禮奢寧儉喪易寧戚竊取此意以為社章謹舉婚喪簡章若干條又禮時為大若國民程度於道德之精神未盡完全則祭祀之形式未可捐棄又擬祭祀簡章若干條我同志以身先之不敢謂轉移風氣也自民國元年始每年由社中衡量修訂要以黜華崇實為唯一之宗旨條舉如後

（一婚禮）兩姓為婚由正式媒介書寫婚約聘金多寡僅以為禮（綢緞茶酒花果糕餅等類概行革除）婚期先時報告届期婚親謁見女父母行鞠躬禮即迎婦詣宗祠　三鞠躬見翁姑　如見父

母禮夫婦揖往來舟輿不儀仗不鼓吹來賓琴歌一飲而散不賀以著代也

(二嫁具)嫁具衣物僅以適用用不求備(妝飾餽送犒賞三朝七日年節外孫彌月周年及其他鋪張一併革除)

(三戚誼)戚誼往來食物贈答本屬人情若鋪張舟輿僕從盤盒等類反為不情

(四婚約)主婚某某弟幾子女年齡若干仰荷某居媒介訂婚民國

某年月日立約

(五祝詞)夫婦人倫之始老爾敬幼而慈家由是立國由是治尚慎旃哉

(一喪禮)舉喪一日而斂一祭而殯再祭而葬族戚來賓開會追悼

弔用輓詞以彰其德若僧道懺悔反彰其過而又使若輩以此為生不事正業誤人莫甚當以爲戒葬宜避田就山以保出禾而避踐踏

（二）省墓　省墓不祭插花以爲記念

（一）祭日　元旦祀神春秋除夕祭祖自身以上三代於生卒日祭之以爲記念

（二）祭法　祭始祖至父置三爵三箸義取三獻不設位合祭故也祭身以上三代各設位置各爵箸特祭故也席設於堂所以教孝祀神唯一無二席設於庭義取敬天不置爵箸義取大祭

（三）祭品　動物毛羽鱗各一器植物荳菽果菜各一器焚香朝祭左右置花夕祭左右提燈宣祝蓋合動植聲色光氣備物以爲禮

（焚箔革除）

（四祭禮）一家長主祭者免冠北向二家屬與祭者皆免冠北向三主祭者宣祝或默念四祭者皆三鞠躬徹凡祭從同

（五祝文）祭祖父母人何種曰自而來惟祖父母此身何自而來惟祖父母今此身在欲見無由欲事不得惟祭

祭祖父母曰我父母生我育我教我今此身在欲報之德昊天罔極惟祭

祀神日日星地月之所由主發生而司運動者惟神燦陳萬物予我知覺不自爲功吾人存心亦當如是乃不負天往者已矣悔從今始心無可表惟祭　見越鐸報民國元年三月廿八至三十日

蘇甘室日記　何壽章

俗傳十二月二十三日灶神上天奏人家善惡至除夕復降下界閩中亦有二十四五日祀者不等案輦下歲時記都人至年夜備酒果送神貼灶馬於灶上以酒糟抹於灶門謂之醉司命然不聞二十三日送灶之說以糟抹灶門殆亦醉字之意今吾越以糖一餅雞一隻祀之又加以豆送神祀畢撒豆於屋上不知何意鄭司農曰司命小神居人之間司察小過作譴告者主篤察之命民家或春秋祀司命風俗通義曰周禮司命文昌也今民間祀司命刻木長尺二寸為人像行者擔篋中居者別作小屋率以春秋之月祀以猪故許君曰祇以豚祀司命也許書灶字下說周禮以灶祀祝融鄭則云老婦之祭報先炊之義又諸皋記記灶神名隗狀如

姜女又姓張名單字子郭夫人字卿忌有六女皆名察（一作祭）洽常以月晦日上天白人罪狀大者奪其紀紀三百日小者奪算算一百日連類綴之

清宣統二年八月廿六日紹興公報

吾越人以狼籍為作獺相傳已久攷南唐近事張崇帥廬州不法一伶人假為人死有讒當作小族陰府判焦湖百里一任作獺

楊白花本古樂府名梁書武都仇池人楊華少有勇力容貌雄偉魏胡太后逼通之華懼禍及乃率其部曲來降胡太后追思不已作楊白花歌詞使宮人晝夜連臂蹋足歌之聲甚悽惋今人以唱楊白花為樂事殆未知其本

俗言强出頭曰頂缸竟不知出處雪濤小説云金陵上金陵工清河猪婆龍作害歌聞於上疑猪犯國姓詭稱大黿太祖惡其同元字命漁者捕之殺黿幾盡以果尤大黿每受釣以前爪據沙深尺許百引之不能出一老漁用無底缸貫綸下恰罩黿頭黿因以爪推缸不復據沙遂引之而出金陵人語曰猪婆龍作殃癩頭黿頂

缸缸今呼作槓

明洪武十三年高皇帝既誅胡惟庸因罷中書省散其職於六尚書當時無所謂宰相也至十五年乃采宋制置華蓋謹身文華武英四殿東閣文淵閣大學士各一人不過備顧問而已時首進諸人吳沉以詞林典籍授東閣吳伯宗以檢討授武英殿他如全思誠張長年全銓單俱窮老布衣召對稱旨立拜是職其不為樞要之任明矣成祖時選解縉等七人入內閣稍稍親近至仁宗恭己好文宣宗以先朝經師舊恩進爵三孤光祿大夫左柱國正一品加尚書職天下章奏無大小悉下票擬於是楊士奇等赫然稱宰相然府無屬員事無專寄令無外行取天子之可否以為進止一日意有所移即立削其籍歸之他人比諸秦漢之丞相六朝隋唐之三省終

未逮也且當時吏兵之長猶能引故事於杭孝宗朝王三原邱瓊山兩公賢者邱為首揆王為冢宰以坐席於爭至辭位而去自正德以後無敢與抗者遂雄視六曹之上矣以上見前清山陰李太嚴[illegible]甲集

紹興縣志採訪稿

越中於清明前後兒童多放紙鳶或琴鷂有失名氏嘲之曰薄薄裁成小小絃無端吹汝上青天縱饒學得鷹鸇勢如是兒童一綫淺聞者異之以上見前清乾隆年太顯陳甲集

紹興縣志采訪稿

紹興酒

今紹興酒通行海內可謂酒之正宗而亦有橫生訾議者其於紹興酒之致佳者實未曾到口也世人每笑紹興有三通行皆名過其實者如刑名錢穀之學本非人人皆擅絕技而竟以此橫行各直省恰似真有秘傳州人口音實同鴂舌亦竟以此通行遠邇無一人肯習官話而不操土音者即酒亦不過常酒而販運竟徧寰區且遠達於新疆絕域平心而論惟口音一層萬無可解刑錢亦究竟尚有師傳至酒之通行則實無他酒足以相抗蓋山陰會稽之間水最宜酒易地則不能為良故他府皆有紹興人如法製釀而水既不同味即遠遜即紹興本地佳酒亦不易得惟所販愈遠則愈佳蓋非致佳者亦不能行遠余嘗藩甘隴撫桂林所得酒皆

絶美閘峪關以外則益佳若中土近地則非藏蓄數年者不堪入口最佳者名女兒酒相傳富家養女初彌月即開釀數罈直至此女出門即以此酒陪嫁則至過亦十許年其罈率以綵繢名曰花雕近作僞者多竟有用花罈裝凡酒以欺人者凡辨酒之法罈以輕為貴蓋酒愈陳則愈縮斂甚有縮至半罈者從罈旁以椎敲之真者其聲必清越僞而敗者其響必不揚甚有以小錐刺罈斟出好酒而以水灌還之者視其外依然花雕而一文不值矣凡蓄酒之法必擇平實之地用木板襯之若在浮地屢搖之則踰月即壞又忌居濕地久則酒味易變凡煮酒之法必用熱水溫之貯酒以銀瓶為上甆瓶次之錫瓶為下凡酒以初溫為美重溫則味減若急切供客隔火溫之其味雖勝而其性較熱於口體非宜北人多

冷呷據云可得酒之真味則於脾家愈有礙凡此皆嗜飲者所宜知也　今醫家配藥用酒必注明無灰酒僉言惟紹興酒有灰近聞之紹興人力辨紹興無灰其偶有灰者以酒味將漓用灰制之非常法也語似可信　以上見浪跡續談卷四第十頁

浪跡叢譚　福州梁章鉅著

紹興縣志求言稿

紹興酒

紹興酒之梗概已於續談中詳之昨魏默深州牧詢余紹興酒始於何時余無以應惟記得梁元帝金樓子云銀瓶貯山陰甜酒時復進之則知六代以前此酒已盛行矣彼時即名爲甜酒其醇美可知若今時所造則或過而辣或不及而淡斷以能以甜酒二字概之聞彼處初製時即有路酒家酒之分路酒者可以行遠者也家酒則只供家常之用而美惡分焉矣以上見浪跡三談卷五第四頁

紹興縣志採訪稿

愛龍孫往返頻

淡筍

玉立森森露未晞東鄰穿過白雲扉夕陽山寺櫻桃熟細雨湖塘燕子飛未有清漣含影媚已看嫩綠長芽肥鱖魚偏向春江落頻喚漁舟隔岸歸

龍鬚筍

山村風味最堪憐雨後千叢茁更鮮比鮓依然堪大嚼探珠何必待深眠屠來神技誰能手割得黃苞正滿筵猶有新篁多聳秀園中應羨此君妍

鞭筍

疎籬到處傍根生為辨雌雄種有名沙岸陂陀人跡少石泉細碎

玉芽萌挺柯空笑梢雲晚拔地何難掣電行戲取埋貍相引法作菹常對五侯鯖以上見敬慎堂詩鈔卷下之第一十八頁

鑑湖冶春詞

若耶溪畔放新晴龍口閘時載酒行聞說青梅歌最好依稀似唱竹枝聲

越女如花豔若何畫橋倒影是春波高樓盡是珠簾掩始信佳人近水多

柳踠新枝出粉垣春亦依舊弄晴暄傷心一曲釵頭鳳猶憶當年沈氏園

東風已到百花亭廟下遊人競躡青羅綺笙歌連十里晚亦猶有畫船停

跨湖橋上水雲堆，畫舫何時不往來。一幅新圖誰寫出，軒開蘸碧
濕莓苔。
道士莊前芳草萋，放翁祠外夕陽低。遊人盡道南湖好，醉後春風
送馬蹄。
山鳥初鳴鵯鵊兒，滿園紅杏綴繁枝。闌干曲曲閒凭處，更聽隣家
語畫眉。
閒來每躡謝公屐，興至還乘王子舟。鑑曲春光吟不盡，無勞更憶
輞川遊。以上見敬慎堂詩鈔卷下之第一十九頁

日鑄茶歌

歐冶鑄劍騰星芒，金銅畢採空山岡。千年佳氣鬱復蒸，異茶特產
嶙峋旁。龜鷲峯頭日未曉，翠嵐濃霧冪深宵。太阿出匣摩雲層，絕

頂攀蘿摘煙表山村焙出穀雨前江南處處蟹眼煎廬陵品題居第一清冽六茅尖山巔何當杖策雲梯路烹泉啜茗烟霞趣不知兩腋已風生疑有五精自飛去以上見敬慎堂詩鈔卷下之第一十九頁

越筍五詠

潭筍

聽話冬來越產奇藏根不負歲寒期深林斸處冰盈手小籠攜歸雪滿籬煨芋何須思野蔌炊秫正好伴銀匙坡公那識春前種空羨當年玉版師

毛筍

隱隱輕雷動早春南山昨夜雨初勻肯隨埋沒泥塗老迸出崢嶸頭角新得姓恰宜同頳脫加餐遠勝雜椒申洞天雲護深深處爲

列女一

目録 列女

陳烈女殉夫事略

王烈婦墓誌銘

王烈婦傳

書王烈婦孫宜人傳後

書王烈婦傳後

書王烈婦傳後

書王烈婦傳後

書女姪王烈婦逸事四則

王烈婦孫宜人頌并序

王烈婦哀辭

題會稽王烈婦銀管録

哭姪婦孫烈婦

哀嫁氏

書先嫂哀詞後并追悼伯兄

越峴山人王粟馨貞女贈言

杜貞女斷指圖序

淑貞傳

笑梅傳

筠卿傳

松娥傳

佳徵傳

趙氏傳

李氏傳

張氏傳

沈氏傳

江氏傳

侯氏傳

孫氏宗譜節孝

申請覃封俞太孺人旌表事狀揭子

某年月日紹興府屬鄉官某等敬以山陰縣　覃恩敕封駱母俞太孺人事狀申請題旌具揭臺下竊維坤儀效順經授黄裳陰教匡貞史廻霜簡故閨闈足法西京詳子政之書工德可師東海習茂先之訓況緯嫠不恤而髦特是求在明廷金帛之賜自昔有之即高門表敕之條於今爲烈伏見山陰縣　覃恩敕封駱母俞太孺人者生員駱元原裕之配原任三原縣知縣駱復旦之母生於華胄克秉淵心長自名門夙嫻禮範少稱博士嘗賡柳絮之吟謦趣尚書不籍葛覃之解是以伏生口授圖娩朱唇左妹髫年遂彰彤管然而鳳凰既協孔雀是占十八于歸以舅姑宦遊依之自出高堂遠宦無容珮帨承歡入廟新嘉那見羹湯伺色倚渭陽之乘

馬傴丘園以讀書髗頭白眞敬至携鉏廡下梁鴻覲爲舉案洎乎
飽宣起挽車之思樂羊成斷機之學孺人曰大人在京宦志侍養乎
辭雍歸省勸過陽城捨養入京戒來甌子於是脫賛就道決意從
親欽祉趨庭始稱有婦雖閒閫萬里朱顏黜焉足之塵窮巷三河
綠絮籍烏啼之月顧其志存定省望斷長安心念尊章强投京洛
即其婦道之貽豈非君子所罕以單傳寡嗣預爲內妾正側盡孕各舉一子
爾廼徵蘭燕市燕姞初來饋鯉桑乾桑弧纔設東方憐三日之生
塗山啟四辰之泣先生遺疾割臂周效痛柏舟之鼓棹褰繐帷以垂絲縱復
刲股和雷子之糜解體效貞妃之木猶且晨星自墮於幕中白日
不揮於戈下況翁遺瑞难外補沛中夫倚殯常官獨留京邸力請於翁扶櫬
還葬營遠櫝之歸鄉使翠島之赴壠鸞紃解珥唯以言傳苦志窮神

徐維則自都門輯錄

豈可名狀迺先隨徐郡繼返長蘆誓撫孤兒毅還鄉井收先人之遺業儆石池之數椽潛閉家園課兒力學紅燈夜半書聲與織韻齊鳴紫燕春回曉夢共朝雲俱盡捨著簪於椎髻繼晷爲膏紐葛絺於軒裾衣嬰作飾及兒就外傳漸博交友孟氏截流黃之錦陶公剉薦席於床以故過江子弟願識王怙北地賓朋推知庾信歸月旦於許子之評定聲名於伯鸞之語苟非朔婦之遺孤那得西平之有子時先生有弟爭產孫人付于不較劇其推財行孝曲合荊花東縕調爭細全瓜蔓凡居家之謹心皆爲人所難受故義方內著士博五經筆落中書賦成三禮三原君獻賦初授司刑尋改邑令騁金臺之駿馬授仙苑之飛凫節推新授改例攜琴陛見初辭特恩賜宴池陽道遠王陽猶叱馭來前原上花繁潘岳喜板輿同載華池之清水可飲太白之孤標是方潯陽嚴闔

紹興縣志採訪稿

教不作封魚京兆有慈親自多平讞（而意科臣與撫臣互訢 閒有詿誤終致昭雪）即或特憐錯節范母起行路之哀究且事至完珠王孫副倚閭之望是則二十四歲未亡之艱以迄三十八年育孤之力雖共姜再出遜此畸嶶鍾婦在前讓茲茂範矣伏見臺下士德儀型人倫坊表俯念此賢名久著早被榮封苦節堪憐宜旌華闕某等人各有母不匱是懷友曰顯親登堂均感倘得采輿情於中閫申戍牒於外臺俾知大節之琬琰無私至德之碑銘可恃則高旌所被日月同光榮獎攸垂士民皆慶也為此具揭須至揭者

以上見清蕭山毛奇齡稿西河合集卷六十七之十四十五

徐維則自都門輯錄

程烈婦

名德輝鑰（傳詳寓賢）女也幼沉敏讀書過目輒能成誦嘗取殘編藏之以佐夜讀長工詩性謹密不以示人隨父客懷慶得故人子孫泓天津人也妻之初婚之夕夢吟梨花空自落之句意以爲不祥久之泓客袁門歲或一二返返則相對一室往復今古雖嚴師友不過也已而泓病病遂沒無子程氏以死自誓旋因繼嗣未立復強起泓之未沒也與程氏依父居常在懷慶至是以舅在津宜奉養遂返津焉朝夕進甘旨無不先意承志綱紀家政咸有禮法鄉黨翕然稱之泓沒六年弟明生子曰紹賢程氏以爲己子越明年程氏夢泓來迎遂作書告舅自明從死之志闔戶自縊卒年三十三歲卒之夕有白氣起於室中赤鳥翔於戶內生平作詩甚多卒前

一日盡焚之存者雨齋幽蘭等數首而已

以上見天津縣志卷十九列女傳

徐維則自都門輯錄

王節母傳

桂馥

節母吳氏，山陰潞莊人，妳嫁同邑舉人王烈，生男鳴岐，逾月而母死，孤兒抱養於姨，即節母也，時猶未字，日夜以饘和脂哺兒，越歲兒能學語，依依不去懷，於是吳姥顧而閔之，使抱兒歸烈，四年烈死，無出，家固貧，節母紡績易米，上事嚴姑，下撫弱孤，二十年中凡葬七棺，娶三婦，嫁五女，於是節母之力殫矣，苦不能給，隨鳴岐北行，卒於濟寧，年七十，寡居四十九年。

桂馥曰：節母事老姑，雖勤劬猶不免堂上訶叱聲，惟早暮兢兢，一望歡顔，烏呼！凡今婦人未有不善於其姑而能自善其身者也。

以上見清嘉興錢儀吉輯錄碑傳集卷一百五十二

紹興縣志採訪稿

徐維則自都門輯錄

三節孝贊并序　　劉棟

節義人之大閑孝弟人之大本本猶植也培深則繁閑猶闌也牢固則密慨自負風告逝頽波肆流其視節義孝弟若長物然雖冠裳君子力李古道或不能相兼況女流素無義理涵養一臨变故死不可奪豈非獨禀天性之真者乎予家世業農畝以勤儉相勸率茅茨户牖韋布菅蒯之末閨有一二女輩或以節義著或以孝行稱皆可激厲世俗故為之各贊一詞以貽不朽

節胡婦贊

山陰處士姓胡名偵年十九死眾志不平厥婦維何來自于劉五忠之裔世德所求處士既歿劉氏也曷隸永堅苦節我心傷悲年

餘八旬與死爲隣天愁其壽乃康厥身衛風柏舟彤管女史我今賛詞欲與彼齒

劉節婦賛

嗟日涉園末裔龍鍾千鈞一髮勢不能崇有婺者婦撫二遺蹤蓬門斗室藏身斂容人奪彼志誓死不二曰未亡人敢有他嗜王保之女劉輔之配輔我族祖吾宗尊輩有此節操書譽闤闠反道敗德爲語生悔

陳孝女賛

吾叔大章有女隸陳孝奉姑舅且睦姻親父偶攖病勢甚急亟乃刲左股股粥進食一勺入口千金收効凡百医禱懵而莫覔不告于夫不謀其兄心堅性忍起死回生白髮祖母指天蒼蒼願汝有子報汝永昌 見水澄劉氏家譜

劉氏

劉氏會稽人兩浙漕運兼知臨安府王克仁妻封通議郡夫人

雅善詩詞

以上見徐維則越中詩古文拾録所採沈復粲越中詩系殘

本

紹興縣志採訪稿

商采

字雲衣會稽人寶意太守女

以上見徐維則越中詩古文拾錄所採沈復燦越中詩系殘本

紹興縣志采訪稿

列女傳

朱氏長興人故兵部侍郎戴熙子婦國子監典籍銜杭州府學生可恒妻父步淶官福建蚶江通判朱幼讀書能賦詩事親孝年十三時隨父之任所中途舟幾沈水及其身舟人將援手救之朱堅坐不起婢扶以出始獲免父疾刲股和藥以進歸可恒後事舅姑維謹理家勤儉姑金夫人寢疾朱侍奉湯藥衣不解帶者數旬持喪哀敬盡禮咸豐十年二月粤匪攻陷省城熙投池殉節時賊勢甚熾朱料理衣衾有條不紊視含殮斂畢急歸母家偕弟鎔震等奉母出城即避地海甯逾數月母卒遂偕可恒寓紹興明年九月返杭未幾賊復麕集城被圍兩月餘人人惶恐朱仍以詩詞自娱食息如平時曰我早自為計矣何懼為十一月二十八日城陷朱

匿棼橑中謂夫曰父母舅姑俱葬我死無憾君宜挈子兆衡速出況君在如我在我死當有以護君也即口占絕命詞一章有性比堅金固身如朽木輕句時朱已絕食兩晝夜不死是夕自經懸絕又不死復墜樓而下投池乃死即屍殉難處也撰有霽月樓詩

陳氏仁和學生高望曾妻望曾循職山東典史將行而寇至避居皋亭山旋寓紹興府後復返杭咸豐十一年冬城再圍食且盡陳購粟奉姑而自食糠覈城陷奉姑出城既渡江會天雪餒甚陳乃屬姑於妯娌而死

周氏山陰學生沈承勳妻咸豐十一年九月二十八日賊入村焚掠姑年老周急勸承勳扶姑走避已抱幼子隨行步稍後見羣賊至集急奔赴河干躍入水遂死翌日賊退承勳蹤覓得婦屍猶抱

于不釋云

沈氏會稽人孫粱妻年二十而寡遺孤光祥粱弟棟遊幕福建沈鬻己田以資之棟得以館穀養親及姑姚疾沈刲股以進光祥長亦客遊沈奉翁姑壽終無缺禮咸豐十一年賊陷紹興掠至鄉沈見賊詭言出汲投後河死

李琴姑會稽人父發禮故縣吏也琴姑生而淑端淑咸豐十年十一月初九日聞賊衆將至發禮率妻孥走匿憐琴姑細弱將負之行曰如此是累父也父速去免死此矣賊驟入其村發禮急竄琴姑觸柱破額死時年十三賊過之驚歎去

蔡（周）氏兩（山陰侯）烈婦遂從九品李星沚繼妻有賢声星沚家日落周相其夫操作無怨言咸豐十一年九月賊至周避之後梅郵賊復至將

刦之行出具水舟周急入房衣禮服從後户出投水死

李氏會稽人中書李慶蓉次女適平水監生金錫禧内外家鉅富

李獨儉素習操作咸豐十一年冬賊至平水焚金氏宅大掠李座

子方數日不能行匍匐赴火死時族姊妹死節者有監生李鄂棠

女布政使理問銜王政妻避寇居道墟寇至抱幼女偕其夫沈於

河有六品銜李浩女七姑避賊屯頭郜聞賊至將渡河方待舟顧

見賊追急攜其兄子熿同赴水死

見浙江忠義録卷十

列女傳

周氏山陰許某妻居安昌生三女某早死周苦節撫女咸豐十一年九月賊突至周率三女避賊追及即偕長女喜姑次女鳳姑投於河幼女以撈救免越日賊退三屍漂回所居門首面如生隣人義而斂之

俞氏上虞人適會稽候選府同知陶駿生一子一女駿父潤蒼習法家言久客江西駿世其學歷遊公卿間母謝氏早世祖母老且病俞親操井臼事祖姑備極孝養及卒喪葬盡禮性好施與有羸餘輒贍貧乏戚黨賢之咸豐十一年冬偕駿避寇居於鄉明年官兵收復紹興賊四竄突至其村俞恐不免亟屬駿走避而自赴水死以上見浙江忠義録卷十下

列女傳

王氏黄巖人隸山陰沈光燦咸豐十一年十一月賊犯黄巖時王父新喪光燦他出有一子一女年俱幼王方産二日聞負老携幼者哭声不絶鄰人告曰賊將至矣當何以處對曰我雖婦女頗知禮義父死骨月未寒夫又他出子女年幼計不能俱全安可棄去以全不孝不義之軀乎婦人惟節最重萬一賊至有死而已倘念共井之情幸携吾子出庶留沈氏一脉言未畢賊已進門強起服鹵汁不死賊曰汝欲何為曰求死而已引頸就戮子女亦亡

陳氏山陰人文學金戒亭妻戒亭殁時陳年二十三歲無子女矢志守節咸豐十一年九月賊竄紹興四出淫掠金氏長幼皆先徙山谷中陳因病黴獨留隣婦憐而視之泣語曰吾家祖姑及姑皆

以守節得　旌吾倘被污　非特無以對先夫且兩世　旌典一時毀敗何以生為會當赴清流以全節耳隣婦犇告其姑潘潘隸見陳已倒植水甕中驚呼掖出逾時蘇哭曰本圖赴宅前鑑湖因匍匐至此力竭難前故就此完貞今雖獲救而瘇痛難禁速死為幸耳姑哭衆亦哭既而見其腰腹膨然皮潰血溢喉間氣格格不得下知命已阽危是夜死

沈氏仁和沈啟程女隸諸生高光煦同治元年三月十六日殉難山陰天樂鄉方杭城再陷時光煦攜孥出走得免明年匄村義兵起將進復蕭山縣未幾而敗賊勢張殺掠徧村落沈謂光煦曰勢急矣妾死分也君宜為後計勿以妾為念君不行當先死以絕吾君念光煦跳入溫泉鄉山中去天樂三十里賊至天樂沈即投入

池水淺僅没半身賊至欲援之沈詈不絶口賊怒擊以礮遂死方沈死時以幼子家丞付僕婦沈媪逡巡求光煦援之並告沈死難狀如此

原本脱簡

周女婉山陰貢生曰簋女十歲而孤事母孝母教以讀書其姑旋歿始餗謀葬不一月賊又至杭城再破唐毁容肉食渡江求希顏於直阜於山陰於硤石終以力竭謝其女伴奮身投江死長女寶徵從焉

勞氏山陰人餗蕭山王齡齡習吏事好文學結交多名士勞喜節儉嫻禮法助齡起家齡既好客坐常滿勞治酒饌或出金資佐客空乏皆克成夫志無吝色已而入齡入貲以知縣宦江蘇勞持家教子肅如也咸豐十一年賊偪浙東勞先遣子婦避赭山子婦堅

紹興縣志采訪稿

欲留勞怒斥之曰吾遣汝曹爲嗣續計吾留觀變或賊蹤不至得免道路仳離如不測當不惜餘年以明大義耳子婦乃行九月蕭山臨勞從容赴井死幼女渠姑從焉

見浙江忠義録續編

謁曹靈孝夫人祠

黄仍敬甫

芳名不朽二千春，至性能完十四齡。自昔孝思甘蓼苦，於今祀典肅椒馨。瓜沈斷岸寒流泣，檜抱喬柯老樹靈。墓前有兩檜樹，建一亭名曰双檜。其樹一榮一枯，榮者枝幹宛轉，枯者相向若抱父屍之狀。寂寂墓門深展拜，啼鳴無限繞荒亭。

靈風飄轉碧雲幢，相見尋親赴急瀧。血淚枯啼旬有七，髫齡誠感世無雙。輝揚漢史文同壽，靈被胥潮氣自降。潮至廟前無聲，若俯首而過者。奇蹟都有由庸行，著舜江源派合曹江。百官里古名舜江，魏晉以來改名曹娥江，自龍山而下仍名舜江。

珠纓繡翟仰巍峩，配享居然有二娥。藉此扶持名教重，問誰感觸性真多。恩流海甸全商舶，威擊浮梁倒賊戈。海船來往祈禱屢著靈異，事載廟誌。

咸豐十一年粵匪由上虞至曹江横駕浮橋兩次俱被颶風吹壞賊匪溺斃者以萬計共知神力所致也

福庇千秋應報賽傷懷且勿舞婆娑五月廿三日升天之辰賽會極盛越郡梨園畢集後漢書云娥父盱於漢安二年五月五日迎婆娑神溺死邯鄲碑云盱能撫節按歌婆娑樂神五月五日迎伍君逆濤而上為水所淹二說未知孰是

遥峯滴翠繞靈祠日落平沙繫纜時金碧何年愱舊宇道光中祠漸荒刹近已重修昏黄有客讀殘碑煌煌大義青天在切切哀悰白水知寄語游人須猛省莫經此地愧鬚眉

以上見息影樓詩鈔卷九

息影廬詩鈔凡十二卷未刊　黄蘭泉先生受業

藏甫先生即其弟子留也

諸孝女歌

黄以蘇甫已

八齡女事業掀天泣風雨乃父乃兄罹冤楚娥也稚心憐無諸語呼天何霧有天閽登聞撾鼓天不聞朝廷設大板釘頭何磷磷奮然騰卧百不顧父兄之外安有身魄斷魂飛血肉紫慘霧愁雲驚天子詔下貸父兄娥娥竟娥不死正氣凜然百世祀舍身全其天取義浔所止鸚鵡山頭土一坏行人過之淚盡流蹈死如飴救父兄血性何人肯如許吁嗟乎八齡女

見息影樓詩鈔卷九

朱孝女歌

黃仁蔚南作

曹江之水千年清，正氣不絕生奇嬰。奇女十齡依大母，族中有虎誰能攖。虎怒挾刄來，奇女忘己是孩童。抵死橫身苦撐拒，惟冀大母脫難兒當災。毒刄橫加總不懼，抱渴血誠上天去。靈孝夫人握手迎，千秋同真跡趣。一席與子分，繡紱加瓊纓。皚皚白刄娥也何驚惶，惶惶綽楔娥也何榮。但願為人子，重義輕生死，無忝所生皆如此，惟娥高坐雲軿笑相視。

見息影樓卷九訨鈔

同邑陳氏有女名喜㨂，年十九，性慧而馴。主母疑其與夫有私，亟配一醜姓無賴子。醜故博徒者，賭片窘甚，擬將喜㨂鬻於南容。㨂聞之，涕泣不食，病旬餘死。知者

感悅憯憯爲賦一詩　山陰黃仁敬甫

嬰娛小玉本無瑕、酸酸風狂振嫩芽、已逐飛鴻棲枳棘、肯彈別鶴抱琵琶。禪心任是沾泥絮、薄命終憐隨溷花。願化金鈴千萬億、護持春色遍恒沙。

陳烈女殉夫事略

陳烈女名宛珍，浙江紹興縣人。祖景泰由紹遷設肆於北门，因以家焉。父遠坡，母佘氏。烈女其第三女也，生而温淑幽嫻，貞靜髫齡即有成人風度。家近市廛，苟無事故，足迹不出户庭。八齡入許家謨塾肄業，十歲出塾，與諸姊弟伴讀於家。其師授以四書、孝經、列女傳，均了解大義。每講談古今忠義節孝貞烈事蹟，獨有會意，輒深景慕之思。稍長，晝則佐理家政，夜則篝燈事女紅，賢女之譽夙馳里闬。孝事父母，先意承旨，遇父色不豫，必多方怡色以悅之。年十二母殁，女哀毁逾恒，尤得繼母吴氏歡愛，之如己出。居恒無疾言遽色，待人以敬，御下以恩，戚黨鄰里無間言。年十七字滬紳王遠甫四子菁士，習賈湖滬北。今春患温症，二月間稍瘥，穿窬入室驚而增劇三月二十三日辰時卒年僅十有八歲女聞病耗即憂慮減膳追病劇王氏索女所製物以壓勝女聞之益慼終夜於邑家人百計勸慰卒不解菁士訃至女神色慘沮適天氣驟燠呼婢汲湯水更衣沐浴左右不疑其有他未加防範詎意女早蓄殉夫之志至是潛自仰藥擁衾隔泣呼姊与訣及既覺察倉皇施救已無及女洒泣然曰兒志早決生雖未獲見夫歿或相從地下阿父救兒適以辱兒請遂兒志兒目瞑矣惟憾不得奉父母一日歡期諸姊弟善事雙親勿以我為念言訖而逝年甫二十女歿於二十三日未刻距菁士之歿僅三時而已兩家父母皆痛惜遂由王氏為之飾終菁士出殯之日并迎女櫬厝於王氏之祖塋將擇期合葬以遂其志方今世道凌夷風俗衰壞乃獲覩斯奇節嗚呼可以

風矣今之

文章鉅公賢士名媛其有

賜以傳誌銘誄詩詞輓歌以光泉壤而備彤史之採擇則不獨王

陳二族之私幸也爰誌其顛末如是

紹興縣志採訪稿

王烈婦墓誌銘

烈婦姓孫氏曾祖步康祖道復竝官教諭封翰林院編修工部郎中父悦祖国子監生烈婦年十六歸同邑王秀才继本美士爲彦嘉耦曰妃甫三年而疾卒二十七日烈婦日不食死家合葬於王家蔚嗚呼女蘿荏苒豈忍孤生鶼鳥单寒終憐同命白珏昔讖黄粱浮生幻曇花於人间圓结璘於地下螺磯竝烈鳧鳥同仙頳豔均哀煒彤纂貽夫秀才目美質不壽烈婦目阜志相殉从夫而兼从父同生何殊同死黍室辭姑玉樓期婿紅顏槁馘素縷纏悲豳雖死而同功蘭有灵而並萎斛律握玦方此志節女荀書斲匹兹韡貞大誼出于闺幨高门顯之綽楔废幾瑯琊旛馥越水流馨矣今冬子獻孝廉徵辭遠吾爰製幽詺庸表芳軌詞曰

懿欤烈婦襜〻馨絜苦節鐫珉臥腸倖鉄光〻潛徽流榜浙東亡嬪玉家美玉必雙還喪所天矢志同穴玉棺仙蜕青山香骨若耶故里寒烟衰草磨笄貞魂千霜未宵夜臺古月寒食紅梨柏墓連理娥碑色絲孫家之女王家之婦崇矜倆窆天長地久

會稽陶方琦譔　見會稽王氏銀管録

王烈婦傳

烈婦孫氏，余兄笑庵之長女也。生而穎悟，志趣異人，閨门之内孝愛肫至，先大夫絶愛憐之。六歲字同邑王司訓吳瀾子继本。先大夫与司訓故相善，時過從，入其塾，見继本警而慧，遂締姻。越十年乃成禮而歸之。烈婦事舅姑如事親，相夫以順，御下以寛，里黨無間言。甫三年而所天遘疾不起，烈婦慟絶復蘇，毀面截髮，誓不獨生。而余兄以哭壻過哀，亦感疾，七日而殁。烈婦衰絰哀踴，匍匐奔赴，視斂畢，歸送夫子之葬。既返，謂家人曰：「吾今可以死矣。」乃絶粒。翁姑百計解之，不可得，遂死。時咸豐辛酉七月十六日也，年十九歲，距夫之死僅二十七日耳。烈婦之垂絶也，先大夫過慰之，烈婦泣曰：「孫不孝，不能報萬一，重為祖父母憂。然人孰無死，今死得其所以此報翁姑及我親耳兒下從我父我夫於九原復何恨乞語我母勿以兒為念烈婦世系官諱別詳墓志以是年八月既望与夫子合葬於山陰王塈山王家葑之麓繼本字根仙八歲能屬文下筆千餘言灑灑不絶十二歲出試于郡縣輒冠其曹十五歲入郡學博覽沈思日進于業宿儒英俊皆推服引重以為異才乃天不假年而忽焉以殁惜哉

會稽孫念祖譔 見会稽王氏銀管録

書王烈婦孫宜人傳後

昔明馮恭定作旌節録紀楊烈婦殉夫事　國朝楊清恪作節婦傳紀沭陽司烈婦寶應郭貞女等烈行榕门先生皆重避其言所以徽志節揚風教者前賢同此心也吾戚王生継本之妻孫氏痛夫以美才茂歲遽致摧折初喪而毀容既窆而絶食毅然從夫以殉雖高年之大父与慈愛之舅姑皆勸諭之使緩須臾死而竟不可得其秉性剛抱志堅豈尋常巾幗所能幾及哉烈媍之家多才隽傳其事為史官念祖即其叔父也外舅學博杏泉既為請　旌夫弟孝廉継香復為徵文於遠近賢豪間葬年弱女子遂卓犖傳不朽完其性以榮其親不甚偉与彼淪汨錮蔽而不自覺者以此愧厲之末俗庶有瘳乎

越峴山人宗稷辰見会稽王氏銀管録

書王烈婦傳後

蓋聞灵貞化石煒管揚勁草之巖憤溢摩笄璿闈表飛華之烈冒白刃而赴義濯寒泉而砌形皆所以植綱常勵名教播貞風砥頹俗也余讀王烈婦孫宜人傳而尤有感焉烈婦膺慶名楣玉粹挺質孚灵華裔金貞敬和訓稟參軍合礼詩以蹈悳嬪餗內史式芬惠以翔声桓少君布裳而前高文通粟麥無儆方冀班揚詞賦翔藻藝林潘陸才華擢顏文囿騫咸鳳於天路翩神驥於雲逵亦足協雞旦之賡慰牛衣之泣已何迺昊天不忱漂搖其室當魏叔寶乘羊之日即賈長沙賦鵩之年玉樹生埋天何此酷金棺遽下痛不欲生神志慘悽口銜碑而無語藁砧愴怳手握玦而不離況復黔婁之掩衾饞痛惠班之失怙旋悲露紛來奔淚惟洗面鞠凶叠

降慟甚呼天顧巾箑而崩摧旣乏陶家之道子覽文祿而踸踔并無曙後之孤星月冷空閨杜鵑無血風悽憓帳林鴞有声矢衛共姜之靡佗懷梁高行之自毀海枯石爛常銜精衛之冤地久天長竟絕首陽之食義惟一死誓不苟延蘭隕風寒玉銷烟化於虖烈哉夫壇酪不吞者誼臣之報國也水漿不入者烈士之殉身也自來幽憤懷忠沈毅秉性擊如意而盡碎朱鳥興悲食羮草而弥甘青山𢢼蹟既心鐫于鉄石固義炳夫簡編今烈婦以啼烟泣月之姿為嚙雪茹霜之事抗懷巖巖權節松筠嗟嗟一弱女子耳乃欲与古名臣委身事主者争芳比烈焉豈不偉哉爰綴蕪詞用彰懿娥与曹孝娥而並峙媲無黃絹之碑偕王烈婦元兵入死清風嶺而同傳合壽丹崖之石

山陰譚廷襄撰見会稽王氏銀管録

書王烈婦傳後

伊古以來忠臣烈婦死節成名，而學士文人又爲之記傳以激濁而揚清者，蓋千百計矣。然吾觀當日粤逆之亂，其衣冠儒士投身從賊而自謂識時者，固不勝數；即素稱淑媛，幼習大家，荆布不容冰玉自愛，而迫以鋒刃，類皆委諸浩劫，合歸相從，甚者逞其姿首自媚於賊，求富貴而作門楣焉。然則揚清激濁，固無庸欲抑此邪士女，未有闻欲其亦清者，未足揚，而濁者不足激耳。夫匹夫匹婦驟責以死，未有不視爲大難者。然或身膺重寄，事在可爲，卒以庸材喪師失地，一死塞責，千載埋羞，人雖或矜之，固未嘗甚重之也。至於烈女之烈，尤難從同。妙年而失所天，下之嗣息，上存嚴姑，飢無以炊，寒無以被，凄涼一室，詬誶滿堂，氣憤呼天，中宵絶命，死非不烈而烈固有間矣其不然者遇變伊始伏劍投繯靡所不至而一經救藥初念頓更漸至偷生而自得是即遽然以死亦中于一激而未可以時日需也庸人孺子豈足動心而震魄与蓋義莫大於舍生死莫難於絶粒家室完美姑嫜惠和而百計從夫卒致不食以死則以死為當然之事而不復猶烈士之殉名也是非物淡於外志立於中險難當前大節不奪者烏足語此耶有死如此勵俗其庶乎王杏泉外史予從母弟也其冢婦孫氏既以孝烈請旌於　朝又命次子繼香以孫心農侍御所著傳示余並為歌以徵詩文余喜其事難而足風也故書之

會稽陳元瑜撰　見會稽王氏銀管録

書王烈婦傳後

天輕予人以庸庸之福而恒不輕予人以名古來忠貞義烈蹈鋒刃而如飴糜頂踵而不悔人疑造物之遇之者無乃已酷不知遇之酷者將以顯其節之奇而予之以名是正造物之待之厚也如王烈婦者得夫壻如根仙假令相莊偕老唱隨百年遇則順矣而與常人何以異且天下後世亦烏從而知其人惟夫變出意外青年弱質猝失所天然後堅吾貞毅之氣由中而發誓以身殉決然而不可奪殆所謂求仁得仁烈丈夫所難而竟得之兒女子也可謂賢矣於是烈婦之烈顯於一邑顯於天下顯於當時顯於後世與日月爭光可也謂非造物遇之酷而待之厚也哉

山陰鍾佩賢見會稽王氏銀管録

紹興縣志采訪稿

書女姪王烈婦逸事四則

六月之十五日根仙自知病不起与烈婦竟夜語若有所商侍者獨聞烈婦語有某必不獨生身後事翁姑在非所慮云云越日而根仙卒

烈婦死志既堅覓刀繯者再其祖司訓公借虧体義冀紓其死烈婦曰死所天非全餘子雖然有以處此遂絕粒及七日瀕于殆矣司訓公又強之飲一杯西瓜汁又七日乃得終

初烈婦既哭其夫盡晝日擗慟達於堂皇然不夜哭及其父死來奔喪甫下輿搶地自擲幾及簷既視殮餘其家乃晝夜擗

根仙之將遘疾也夢有若天神者持符若促之行以告其姪或戲之曰天來工白玉樓成矣已而果病不起

孫德祖峴卿甫見會稽王氏銀管録

王烈婦孫宜人頌并序

予同年生王君子猷有嫂氏曰孫宜人令兄根仙文學之配也在幼克喆窈窕淑良年十六来歸三歲爲婦四典罔缺仰奉姑章竭謹致敬而所天賈殁銜哀傍徨會其父笑庵公哭婿過慟七日奄忽宜人戴星而奔呼天以辦隸送夫葬死志遂堅溢米不食戚族勸懈皆不爲動卒以不食死寔咸豐十一年七月十七日也春秋一十有九君舅景瑗年伯爲卜宅穸以安貞魂大事甫竣旋丁兵亂甲族子女半罹鋒刃近郭露櫬悉填城闉亮哉宜人死得其所矣根仙負子安之才鬱懷長沙之經濟條陳防策當道獎擢雖厄以年壽而報以賢闡亦云奪矣予聞根仙迺祖裴山先生碩德鴻才有聞於時其高曾兩世祖母又以苦節純孝稱今宜人復邀

恩郵旌其孝烈壼德貞風後先濟美文章名節照耀里閭是可頌

也頌曰

寔〻嵇山地媪含貞陰精發燿降茲淑灵篤生烈婦爲閨閫型幼

秉蘭儀仁孝婉順長歸儒门婦道能盡如瓊如瑤克柔克令翳維

文學幼而徇齊江筆邁衆賈策匡時鴻陸未漸箕尾先騎山頹鐘

應風悲木折翁來弔鄉一慟而絶柏舟淚枯肥泉駕迫如天斯崩

如地斯傾黄腸交轂棘心懸旌与其獨活不如無生既正黔衾復

歌虞殯淚血俱竭水漿悉屏喪乃過哀毀竟滅性曉月墮魄悽風

助悲喘絲忽斷貞石亦摧收華萎世痛溢庭闈言卜同穴素心迺

慰雙灵翩躚頡頏右隧魂兮歸來風雨如晦聞之先民積善必昌

何辜于天而降斯殃雖則降殃玉汝于成蘭燼香留身伏名彪飛

芳威閒旌節素里山高水長歷千百祀

山陰鮑臨敦夫譔見會稽王氏銀管録

紹興縣志採訪稿

王烈婦哀辭

余父執孫觀察瘦梅先生以王烈婦殉夫事命秉為之文曰烈婦為吾從孫女王茂才根仙室也殉夫死不可以無文且聞子方肆力古文辭盍誌以文秉對曰秉聞文所以傳其人也烈婦能難鬚眉丈夫之所難行見不磨於天壤而又以例旌於　朝夫弟孝廉為之徵詩文得名公鉅卿文人學士題詠其間秉何人言之而無文文之而勿傳其奚以文為雖然秉於先生有如子之禮焉義不可以峻辭於根仙弱冠交也情不可以無言乃言曰不能為孝女者必不能為烈婦婦之於夫禮則如父子義則如君臣然處之較君臣父子為獨難者父子情關天性君可榮辱我生死我婦則本非同姓之親臭味容或差池而又分相儕情相昵寬之不知恩嚴

之適增怨近來所謂合乎婦道者大率皆矜才而不貴德苟非投以孝經及古今節烈孝事以油然生其孝友之性其不馳騁其才於女紅烹飪者蓋寡也嘗讀 國初節烈諸婦傳恒重歎累歎想見其教之當不外是而為晚近所不數覯者今得烈婦知孫氏之為教亦奮矣方余弱冠時與根仙應童子試根仙輒第一入郡庠先大夫嘗携其文以示秉退而讀之見其命意迥不猶人遂以文士目根仙辛酉難作根仙條陳時事十數條動中竅要先大夫又携以歸謂秉曰此今之奇才也汝以文士目之誤矣於是奇其才而心儀其人俄聞根仙死不數日聞烈婦殉夫事始爽然於向之以文士才士目之均未當也根仙卒時年十有九烈婦與之同歲以弱冠之年而結褵未久得其婦絶粒以殉雖孫氏之教奮而根

仙刑于之化迨有不可及者或曰為烈婦易為節婦難迨以烈也一時節持畢世然即一時論之有初念無轉念不知生之樂不知死之悲此豈可襲義成哉況烈婦以曼弱之質生長名門非窶貧之無以自存翁姑愛憐之百端譬解以冀其不死祖父母憫恤之而惟恐其死雖不死亦不為過而竟殮父葬夫從容絶粒較之湯火刀鋸為尤難者是謂之烈也可謂之烈而節也亦可烏乎孝友之性發為義理者竟如是耶故哀之而述其事以告世之為婦者

會稽姜秉初　見会稽王氏銀管録

題會稽王烈婦銀管録　　山陰周光祖雪鷗

嫠婦吹簫七星街，鳳去樓空霧雨霾。離恨天傾誰補得，空教錬石泣神媧。

玉簫声斷彩鸞孤，木石填成恨海枯。地下王郎如記憶，也應斫地唱烏烏。

雪竹霜筠本至情，西山薇蕨共爭名。劇憐鳴斷飢腸後，泣血声声到五更。

不信黃楊歷刦重，壻鄉又地丈人峯。曹江灵澤應兼追步，合向人間作女宗。

王墅山前土一邱，雙珠和月冷埋愁。懸知千載兒女冢，小草從無獨活留。

會稽馬賡良幼眉

東中盛文物声教常在斯風義不可泯我歌烈婦詩烈媍伊誰氏
世族江東孫嫁得瑯琊王風調無比倫椎髻學孟光法礼宗所尊
弱質施女蘿幽心抱松柏閔閔水中鳥灼灼蓮中菂荏苒及三年
春風原上歇生死良可哀誰能保顏色切切復悽悽悲來中夜啼
亦有連枝樹霜鳥不忍棲妾有誓言在不教君獨死君死焉得知
妾心有如水徽閫切責語膚髮庸可傷亦當念老母況復有尊章
妾心只求死求死良獨難絕粒得正命無使肢体殘戚黨不我知
殷殷來勸餐豈不能飲食飲食摧心肝宛轉謝戚黨得死心所安
亦知鞠育恩此生未圖報無柰兒命薄不能全節孝涕泣語哀親
莫為兒悲悼女貞何芳芬一朝壽青春萬家兒女子血淚染羅巾

朅來山陰道陌上梅花發極目望平原萋萋烟草碧貞魂知何依
歌之中悱惻惟有若耶溪日夜声嗚咽

會稽杜 聯蓮衢

人生如浮漚一死誠何難其如轉念差保軀求苟全古今盛名下
崎嶇值時艱柔枝凋歲寒蹈蹈徒靦顏自非烈男子微命誰許捐
然而刃之蹈否則梁之懸含生以取義畢命須臾間若不令殭死
從容人鬼關全受全所歸理得心始安卓哉孫氏媛嬌嬌薄雲巔
在室守閨訓宜家稱婦賢柰何妾命薄天上降玉棺於義無獨生
吁嗟灵旐前垂涕辭舅姑此志如石堅絕粒十四日含笑入九泉
生死不足戀賣髮何敢殘微軀還所生大節還所天求之鬚眉中
吾見亦偶然

山陰王詒壽眉叔

冤〻死央鳥雙飛春江水死死不復生獨生央所恥嗚呼烈婦殉夫子一解夫子玉立南且都棄父母命忽徂夫之父母妾舅姑舅姑無有季子妾夫無遺孤二解朝呼天莫呼天斑〻血染麻衣鮮妾夫一死長已矣妾父哭婿又餘黃泉三解黃泉何迫〻迫〻屬人向父兮夫兮會相見妾身獨生妾何戀四解長跪告舅姑一言淚如注夫子堂上愛泉下誰持護兒願從之無他願五解撲我翡翠椀碎我琉璃鍾不飲不食骨如飛龍平時舉案意緣會應待他生逢六解大父來婉相導兒有言勿悲悼兒達大父兒不肖兒幼讀書大父教女子所重節與孝七解空庭切〻啼枯桑清秋七月天雨霜團欒慘月照象牀父兮夫兮鑒在旁烈婦餓死魂魄與之

同翶翔八解稽山嵯峨耶水泙濮瑯琊門户輝綽楔嗚呼烈婦之
心如冰鐵嗚呼烈婦身死名不滅九解

會稽任　塍秋田

天乎何高地乎何厚妾心已死妾身胡久妾相夫子惟恭而友不
代夫子是妾之咎翳古女德三從是守今妾自詢曰從曰否後妾
之死不死亦朽速妾之死雖死已後敬謝尊章寄語我母妾今畢
命長呼負負

會稽范炳文仰雲

君不見曹江渚千秋人拜孝娥墓又不見剡溪千摩厓血濺胡妙
端越中自昔多烈孝太原奇媛尤矯矯兩間大義肩一身那計殘
軀飢與飽父兮夫兮不復生欲往從之遊九京如是而生如是死

逞識身後留其名歲辛酉年十九煌〻綽楔名不朽大書特書王

烈婦

山陰鮑　臨　益甫

兩間正氣無時絶巾幗由來爭節烈柏舟之死矢靡他一死千秋名不滅卓哉王母孫宜人幼明大義女中傑早歲于歸嬪瑯琊孝事姑嫜典閨缺三載爲婦失所天信盟皦日誓同穴翁來婿鄉哭之哀奄〻七日悲永訣宜人奔歸喪呼天歸餘來絶粒志愈決戚族勸之至再三心不可轉堅於石喘絲忽斷嚼貞魂一片清輝照冰雪彤史褒揚百代傳輝煌　綸綍旌綽楔

山陰吴　謙省齋

幼作名門媛長爲才子婦彼蒼靳妾生不得長相守殉夫復殉父

一死有餘芳眄彼鑑湖曲水流清且長

會稽秦樹銛勉公

薇巖西山志千秋亮節彰何由全淑德以此嗣馨香川岳鍾奇气
冰霜酷艷陽楊清厲巾幗鐵石奈迴腸

生哀方在疚死孝竟全名塊室啼烏夜危樓別鵲声海枯井石爛
地棘復天荊血淚曾揮處春來草不萌

九死同衾穴三生締瑟琴青山貞餕魄紫石壽嶽音歃月虛員夜
清風終在林脊令原上舞故〻寄騷吟

彈指霎星謫曇華閲刦年黃粱驚再熟碧海恨空填草勁風先識
桐枯節自堅試看傳不朽香附柏舟篇

會稽馬傳煦春暘

疾風吹勁草歲寒凋松柏復有女貞木風霜無變易淑媛江東孫
循〻詩礼門来蘇瑯琊王嘉耦洵無倫天姿負奇異早拔黌宮幟
閨中女學士晨昏同校字胡乃辛酉秋罡風斂人愁竟名修文去
漂渺賦玉樓鏡破釵分股安問三生譜茫〻離恨海天鍊石曾何補
芳齡十九年有淚灑黃泉眷苑心已死琴軫斷孤絃向聞烈婦語
獨生心不許鮫珠湘血斑哀毀形神沮父為哭婿哀丈人峯又頽
麻衣裏如雪鵑啼心膽摧卓哉烈婦節矢死堅如鐵絶粒將二旬
鑒此氷霜潔貞哉烈婦心香字剪皮金首陽薇蕨歌居虆作女箴
我欽烈婦烈歌罷声嗚咽軼事　天子聞褒榮旌綽楔彤史姓名
揚垂芬萬古香稽山与鏡水長此競流芳

山陰褚继曾鏡湖

從父從夫兩杳然茫茫魂路待黃泉欲消此恨天難補不轉余心石益堅江上投瓜憐弱女月中竊藥愧神仙德門舊在烏衣巷孝烈高風綽楔懸

莫將巾幗婦人看巖采西山亦廢餐銀漢星期愁瘦鵲瑤琴風調怕彈鸞樹生塚上相思易草到霜前獨活雖一曲姑恩新唱罷夜臺魂去淚汍瀾

山陰沈寶森曉湖

雪窗夜皎皎披帷讀哀詞朔風凝紅淚此情梅花知烈婦孫氏女玉雪天人姿相攸得內史三載無違辭冤霜殞春風嗟哉瓊樹摧瓊樹自連理菀枯無異詞枝義重身命輕非為兒女私宛宛孤桐花寒香耀貞魏三從宴無子（烈婦父笑庵公以哭婿殞）孫生死長相隨王郎夙

奇蘋型家貽令儀有婦古漆室有弟今僧彌徽詞譜璆琳不受金石欺吾越出鸞夔節義褒無遺奇烈自纖弱勉旃須与眉

會稽楊德熙緝堂

至性不關學至行不矜奇遐哉巾幗風愧彼男兒為從夫与從父古訓原心儀遺命既不辰乃以死蹈之揆彼平生志甘之如含飴奉以孝烈名逝者所欲辭朝廷旌美意原以詔來茲王郎在玉樓含笑彤管詞吾兄昔齊名不幸同摧夷華庭先兄積學早世亦閨中亦守志冰蘖矢不移庸福天所靳清名世所希願言采風者編此勵俗詩

會稽陶濬宣文沖

越山蒼蒼越水深中有烈婦一片心烈婦身死心不死二十七日

殉夫子夫子風流瑯琊王名字十五高雲摩帝築玉樓召才子死央中道雖為雙妾生無兒妾有父慟將而絕更何怙出門哭父入哭夫淚濺麻衣血縷縷妾之所天盡如此婦人父夫皆所天也見左氏傳注時解僅以屬夫故附誌於此妾生守貞不如死莫夫既畢妾事終不饘不粥絕勺水高堂稽首謝尊章得正而斃無毀傷幽魂入地皦白日女貞之樹長芬芳事在咸豐歲辛酉聞之　天子旌不朽表書綽楔何煌煌孫家大姑王氏婦

山陰劉　震東生

從容慷慨談何易巾幗完人孰与儔到此不容嗟薄命須知一死即千秋

玉樓寫韻有知音解脫塵緣福慧深百尺貞珉道旁立最能激厲

世人心

會稽任官燮 憶旁

十九齡弱女子大義凜然有如此夫亡不食殉夫不食死此事煌々照青史 一解 婦也玉女夫也金童才子之婦縛有古風齊眉舉案如光如鴻 二解 天乎何虐厲疾忽作玉樓白記妖夢惡代夫不得与夫约相從黄泉差可樂 三解 夫喪釀父喪又淚枯血漬麻衣袖執引執紼送夫柩 四解 視葬以後吾事畢兮水漿不入閉一室兮我心匪石不可轉咸來勸婦視婦淺一刻千秋婦勉々 五解 十日氣绝瘦骨如鐵身折心弗折身滅名弗滅太原有婦著奇節永々萬古稱曰烈

山陰繆祥楨 羹香

慘絶摩笄殉節時一盃瓜汁淚淋漓飢腸既斷丹心見兩姓精靈
合護持

綽楔分明表玉音從橫銀管譜哀吟甯辛愧乏中郎筆代寫冰霜
一寸心

閨秀詩　山陰潘淑真静婉

幼時從父嫁從夫父死夫亡七日俱從此相依歸地下全貞全孝
且全軀

不用含冰与茹霜忍將碌碌斷飢腸可曾剪得皮全字姑姪分留
翰墨香　烈婦趙曉女史女姪也女史未嫁病卒著有小螺盦詩詞集

山陰王綺仲昭

勍骨冰心世所稀玉樓天上共相依應知黄土鴛鴦塚不化青陵

蛺蝶飛〇

絶粒呼天痛已多西風庭樹奈秋何白雲無際虞江水合向灵祠配孝娥

以上見會稽王氏銀管録

哭姪婦孫烈婦　　英濤念亭

昔我曾祖凌節母，苦節存孤昌厥後。曾祖母凌太恭人苦節撫孤，族乃寖大。近來孀獨存兩姑，一鰥姚室一字屠。從姊適姚君价臣，守節三十餘年。予妹字屠，未嫁而屠卒，守貞家居將二十載。寒門自昔重清節，竹林有婦更奇烈。烈烈婦不徒以烈稱，冠之以孝乃雙絕。妾欲代夫天不允，妾父哭婿命亦盡。妾身未亡妾何忍，況復翁姑皆康娛。妾又膝下無遺孤，妾身獨活妾何愚。吁嗟乎！婦年止十九，婦名垂千年。絕粒不毀体，孝烈乃兩全。從父從夫夜臺側，猒猒此心貫金石。在天松柏冰霜地，松柏君不見。九重褒榮光綽楔，旌節祠中縣血食。曹娥諸娥与鼎立。

哭姪婦孫烈婦

貞石磨残孝竹摧鐵心一寸獨難回慧根烈性知非偶定向瑶池謫降來

玉析蘭凋劇愴神女貞況復殉灵椿九京祖母應含笑節孝從今有替人曾祖母凌欽旌節孝祖母金嘗刲股療親孝行稱於里鄙

戩夢三間舊夢留予与根仙讀書枕戩書塾計十餘年攜尊怕憶竹林遊何當月夜吹笙到雙控飛鸞駐嶺頭

多感詞壇許表揚琅函錦字簇千行彤闈不帶紅塵福贏得名薰翰墨香

見會稽王氏銀管録

哀嫪氏

繼香子獻

五雲之山何嶙峋女貞之木霜酸辛山耶雲耶萬々古中有灵風夢雨招精魂君不見臣嫪烈婦孫一解臣嫪孫氏生自名门嫻習姆教及笄蘇我兄我兄弱冠名大噪洁礪甫三載悲哉我兄巫咸忽下召二解兄遘疾矣嫂心戚矣兄疾殆矣嫂乞代矣痛哭呼天天無耳所天既霣復何恃務面毀容死自誓吾夫在殯敢還死三解嫂父哭婿一慟云亡嫂又哭父泣血盡傷吾夫吾父兮棄我去嗟我如此兮不如無生四解蒲伏遄奠餗水漿不入口吾親勸嫂々躋胥婦職不終誠婦咎婦若未亡願朝厚請從婦志死且不朽五解嫂有大父來慰藉情詞哀嫂云兒心已成灰視息人世將何為髮膚敢毀傷絕粒為全餗兒身赴泉臺兒魂依庭闈傳語母氏

勿復悲 六解 咸豐辛酉七月既望殉烈於西郭五雲樓上後兄二十七日而屬纊行路聞之皆感愴 七解 悲哉嫂氏烈而孝也十六而嫁十九而寡合窆山陰王塈山之下敬紀其寔告采風者 八解

見會稽王氏銀管録

書先嫂哀詞後并追悼伯兄　繼轂子詒

一死百無累，慨然隨所天。巖巖和碧化，鐵石鍊心堅。兩字足千古，九京偕百年。遙知高祖母（謂凌太恭人），提挈向重泉。

夫死竟無兒，重之失怙悲。三從長已矣，九死更何辭。絕粒乃全受，盡倫非炫奇。可憐廿七日，籌畫已多時。

十載亂離後，高文尚不磨（昔日徵詢，幸未全佚）。乾坤留正氣，風雨助悲歌。史筆闡幽早（嫂氏烈行，孫觀察道乾載入《越郡闡幽錄》；海昌陳觀察其元《庸閒齋筆記》亦採其事），泉臺銜感多。阿兄如可作，雪涕共摩挲。

丱角侍兄讀，辛勤授我書。人琴一朝渴，涕淚十年餘。鐙燼讎遺稿，霜淒夢故居。料應夜臺上，望月憶庭闈。

見會稽王氏銀管錄

越峴山人王粟馨貞女贈言

未昏為夫服礼本曾子問鄭君定斬衰萬古昭大分震川阻誠泥
望溪許猶斬　皇朝三礼館義疏申偉論女無再昏道本喪容誓
願自此守貞者求仁又何怨舊題姚娥册曾聞昔經訓吾姻有閨
彥一字遭否遡呀天鋉玉樓破鏡已成璺初猶死声泣默矢不二
隐每誦柏舟詩且慕椒山傳心如白日皎力掃浮雲變節同青松
堅恥隨弱草蔓鉛華都屏除淡泊絕塵坋旋聞君舅逝尤念嫠嫜
困壘紛臨東房㵲泗來廟見納徵即成婦子職代敢慢牖下蘋蘭
尸堂前潔華膳兄公念愛弟厥嗣任裸荐慈母鬼死常母行須腊繼
衍志將補天窮理可填海恨奈何抱貞疾遽使傷妾頓溘然朝露
晞景霏廣寒殿姑良二親老兩姓交惜惋餘芳遺人間長稱烈哉

媛山人賦哀辞慘〻弔湘畹廣畿危險秋清風一時奮

見觀化盦隨録躬恥盦鈔稿

杜貞女斷指圖序

王　極　定甫

山陰杜稼軒刑部之女曰恬字靜君者幼字同縣張氏子以均才而早夭女志不更字家人未之信也年二十稼軒將為女受聘他族一日女自以利刃斷其一指出奉稼軒曰謂兒言不信視此指矣稼軒驚告張氏以礼歸之見于翁姑而立嗣焉方女之自斷其指也室中有異香達于戶牖家人方詫愕閧而女以斷指出稼軒因為此圖志之徵文辭焉昔歸熙甫作貞女論推古礼經之意綦詳而其言或過韓嬰說詩至邶風柏舟以為姜女嫁衛及國門而衛君卒三年喪畢衛人齊人及姜兄弟皆欲嫁之宣姜遂作詩以自誓而後世所傳若羅勤女之于朱曠史亦稱之然則女子守貞一受聘而終身不易其義古矣今夫人臣之不二君女子之不二

夫也義也而義起于人心之羞惡推羞惡之心之所極以至于義之盡蓋有不待于同牢合巹之所為而後夫婦之道成當其父母為之許聘于人之日則固儼然其身之有屬矣如熙甫所論女子在室惟其父母為之許聘而已無所與必既嫁而後夫婦之道成故以未嫁而守貞者為于義或有過此與禮經女子在室則從父兄之意未嘗不嚴也而吾獨謂先王議禮凡以為夫人之皆可行而無過焉者以立其防若夫艱苦卓絕之行合乎天理人情之極至高乎一世而不可踰者先王嘗懸其格而未敢泛然以望于天下之人傳曰伯夷叔齊餓于首陽之下民到于今稱之孔子贊之以謂誠不以富亦祇以異夫人何以異惟其艱苦卓絕合乎天理人情之極至高乎一世而不可踰者而異乃見焉夫乃知先王之

理之所以待天下之常人者恕而平而人情猶有所不能由之以行則夫能自得其義之盡雖先王之礼之所可行而有不欲俯而就者此誠聖人之所謂異殆亦天之所篤生而表而異之以警世者耶山陰吾先人舊鄉稼軒于吾家有舊姻婭今年來京師始相見輒為言貞女事並為圖之意請有所述因序而論之如此道光二十五年正月日序以上見躬覩化叟隨録躬恥叟鈔稿

紹興縣志採訪稿

淑貞傳

十二世國學生凌雲公季女淑貞性至孝幼嗜書兼通算法年逾笄凌雲公急爲擇壻淑貞辭曰母故兄亡嫂又荏弱父一人搘拄内外良不易願終身奉父盡女斯心時公有造室不能襄家政方以爲慮聞淑貞言頗善之然恐其激於一時也仍爲相攸淑貞再三諫并將遁入空門以堅父信公爲許之於是屏其繡餘事父惟謹而又夙興夜寐佐理出納約束婢媪井井有條暇則輔寡嫂沈課孤姪尤不遺餘力及凌雲公棄世淑貞遂守貞不字至六十七歲壽終同治十一年題請旌表以上見會稽孫氏宗譜卷五第四十三頁

五月七日

紹興縣志采訪稿

五月十八

笑梅傳

十三世國學生佳梧公季女笑梅自㓜聰慧略通翰墨喜誦佛經綉餘無事嘗偃帙趺坐終日不倦姊妹行戲謂其前身女僧也性尤至孝父母偶出門則記念不釋于怀稍有不豫則背人啜泣至廢眠食年甫及笄佳梧公棄世笑梅悲不自勝母氏沈痛夫致疾日漸困羸急欲為之論婚仕族笑梅從容諫曰母疾甚諸姊皆遠適兄雖盡孝而廁牏浣濯非男子事父母之育子女也非有異視將老疾時專委之于兄如兒不才亦知不可自今以往請與兄各盡其道奉母天年其他非所願聞于是撤其環瑱日夜侍疾綉幃夜静嘗焚香籲天願以身代歷十餘年而沈逝世笑梅晨夕飲泣逾年始解是

紹興縣志采訪稿

時年已三十餘矣明年兄筠湄亦相繼逝兄惟一子年幼無知誤于匪人絜家遠徙置墳墓于不顧笑梅獨在家守墓兄子以其不肯從徙焉薄與之產不得已傭于自奉以餘錢修父母及兄祀每歲拜掃必影親之依〻戀墓未嘗稍衰易十餘寒暑兄子悔過蘇來頗能重修祀事由是長齋繡佛不閙戶外事于座右懸北宮嬰兒像蓋自方也笑梅生于道光十六年十月初六日至光緒甲午尚存年例符　旌由浙江採訪局題請笑梅聞之喟然曰吾之所為非人倫之正吾猶知之而況人乎竊自思之侍疾十餘年守墓十餘年似不為父母所虛生吾惟知無忝所生而已若妄思　綸綍之邀是有意求榮而吾心適以滋愧矣鄉族聞其言咸韙之至乙未未奉局諭先述其梗概如此嗟乎孝本乎天士大夫猶難乃笑

梅竟能一意孤行獨完孝性誰謂巾幗中固無賢者耶

以工見會稽孫氏宗譜卷五第四十五頁

紹興縣志采訪稿

筠卿傳

十四世職員庚康公季女筠卿性淑順尤聰穎母氏章知書善女工悉以相授頗能善承故愛之于諸女為最咸豐辛酉年將及笄洪逆餘股竄擾全浙賊鋒所至郡邑邱墟是冬吾郡亦陷各鄉鎮被其蹂躪幾無完土少壯者皆棄其老弱相率遠避獨筠卿戀父母未去賊猝至走匿牀下戰栗中聞其母為賊搜得脅取金帛不遂將殺之乃冒刃出跪請代父死賊不許起以身護母賊大恚連斫穿喉而仆其母乘間得逸賊亦逡巡引去未幾而甦進以湯不能下咽越日卒光緒甲午聞于朝

朝未奉部覆為先述其厓畧嗚呼殺身成仁自古所難而一女子能奮不顧身代母受戮蓋亦異矣方之

古木蘭緹縈當何如者

以上見会稽孫氏宗譜卷五第四十六頁

松娥傳

十五世醴泉公長女松娥秉性淑貞幼嫻書史嘗手鈔列女傳并摘録古節義事數則朝夕流覽年十四而醴泉公棄養婉轉嬌啼至廢食寢越四年洪逆竄紹人爭流離奔走以避其鋒冬初蹂躪至村松娥急勸奔避其母氏李偶不豫稍緩須臾而四顧鄰屋已被焚燒不得已合宅皆遁其兄嫂護母獨松娥纖弱在後為賊望見即率麾下蜂擁去至賊前令之拜不從且哭且詈脅以利刃詈如故賊適為他事率隊東去使三五婦人守之適時守稍懈松娥乘間赴水賊返有餘怒即使人求其屍至晚不得明日拔隊行其母聞之哭于岸而屍躍出面色如生方將就木訛傳賊又至其母復挈眷遁十

有餘日鮌屍如故于是共驚為神異以礼棺殮同治六年闕于　朝仰蒙　褒卹旌表其閭且得從祀邑村專祠嗟乎芙蕖出水不染污泥其堅潔之操嚴肅之槩至今猶若有生氣謂非賢者而能若是乎松娥生道光乙巳六月二十八日卒咸豐辛酉十月初四日年纔十有七歲自幼字同邑吴姓事平後婿家感其烈備礼迎主請其棺而改葬焉

以上見會稽孫氏宗譜卷五第四十七頁

佳徵傳

十五世振声公女佳徵自幼穎異善刺綉孝事父母疾痛疴癢能先意承志故深得父母憐咸豐十一年洪逆竄越有女者急於遣嫁爭相擇婿甫經說合即為完姻甚至有壻家未允而即送女至其門者佳徵父母為避難計亦欲為之相攸佳徵聞之愀然不樂曰若然則父母為女謀則得矣而為女者何忍于父母乎吾惟終依父母願與父母同死決不舍父母而他適也于是其議遂寢十月賊率隊至村車馬蹂躪人心惶惑佳徵與母惟闔門而泣初四日父與兄適在外賊奄至其室見佳徵美欲犯之佳徵詭曰如見愛願從大王去若作野合鴛鴦雖死不敢從命賊喜别賊方搜得其母加刃于

頸索金帛不遂縶其手足欲焚之佳徵宣言于衆曰此爲吾母天下未有愛其女而戮其母者賊聞即舍之出門授以馬却之顧船即覓得船至佳徵下船後賊稍散即一躍入水明日父母檢屍見其襯衣著体甚緊四周密縫使不見膚蓋其蓄意于前固已久矣同治六年由浙撫題請　旌表載誌入祠以光　盛典地下貞魂庶幾稍慰歟松娥生年失載至卒時年約十六葬于本里之西湖漊口墓旁有異草色碧幹短柔而多香以手觸之則隨手而萎一時傳爲佳話云

以上見会稽孫氏宗譜卷五第四十八頁

趙氏傳

十二世沛三公諱志傑德配趙氏秉性貞淑處事明決亍歸後事上接下咸得歡心經理家政罔不井井里黨嘖嘖稱賢無何而沛三公病趙躬親湯藥衣不解帶者累月及疾革復籲天請代然沛三公卒不起趙痛哭失声欲以身殉其姑陳氏諭之曰若已有娠倘得生男可延吾門一脉毋徒死為趙飲泣受命亍是典質奩物營葬地窀穸以安家本儒素自遭此變益不能支賴趙十指始免飢寒越三月幸舉一男呱呱者在抱操作無暇坐是困頓愈甚兒甫離乳即有以鬻婦之謀誘其姑者謂婦去可得老幼存活其姑漸為所惑趙曉譬百端冀或中止及聞已有成說度事無可挽回乃仰天嘆曰

紹興縣志采訪稿

吾不能見吾子成立終負吾夫于地下矣遂不復言至夜分

仰葯自盡時年二十有五光緒十一年題請　旌表嗚呼若

趙氏者可為賢孝節烈萃于一身矣

以上見会稽孫氏宗譜卷五第四十九頁

李氏傳

十三世候選縣丞誥贈奉政大夫啟青公諱繼雲側室李氏本良家女性柔婉勤于操作頗得大婦憐啟青公疾李躬侍湯藥不稍懈見公病漸增日夜籲天願以身代然卒不起即欲引決賴大婦勸諭始忍痛飲泣勉襄喪事越八日家人防範稍疎乘夜自經死咸豐六年題請　旌表嗚呼烈矣

以上見孫会稽孫氏宗譜卷五第五十頁

張氏傳

十四世砥峯公諱亦柱側室張氏性貞靜能耐勞苦侍砥峯公十餘年未嘗少有忤意及砥峯公卒張痛不欲生既念所生子甫離襁褓苟付託非人必夭札堪虞故主一線所繫攸關匪細遂忍痛含辛矢志撫孤服闋後故主之母許氏年垂八十潛有惑志待之甚酷張毀容剺面誓死不撓而許虐遇益甚日鞭撻之張呼籲無門知難存活乘夜赴水自盡光緒二十年題請　旌表嗚呼張氏賦命可謂阨且窮矣然孤行己志百折不回卒能舍生取義完節全名其清風義烈固有足多焉　以上見會稽孫氏宗譜卷五第五十頁

沈氏傳

十四世例贈宣德郎德清公諱廷梁德配沈氏幼習詩書通曉大義歸公後謹事翁姑公多疾沈代操家政井井有條人咸以得賢內助為公賀越數年德清公棄世沈年二十子光斗甫在襁褓翁姑恐沈悲傷哭泣因以成疾再三勸諭沈為含淚勉治喪務未幾翁亦棄養姑相繼病沈無計至夜靜刲股肉和藥以進姑疾即大減越日而愈夫弟德安有志遊闈苦無資斧沈聞之即破己產為之治裝咸豐辛酉洪逆發擾幾遍天下冬臨吳郡人爭奔遁以避賊鋒沈遣子隨諸父遠颺已在室為賊所得強使執炊沈泣不從既思為賊服役良不如死詭諾之河干行汲遂入水死其夫堂弟東崖封君讚其像有青年矢志刲股療親輕財仗義殺身成仁等

語光緒甲午題請　旌表嗚呼河水滔滔東流不盡沈氏之潔志清操不且與之同深也哉

以上見會稽孫氏宗譜卷五第五十一頁

江氏傳

十五世候選府經歷五品頂戴偉夫公諱世杰側室江氏本良家女賦性堅貞年及笄娶為簉室事嫡甚謹閨門雍睦無閒言咸豐辛酉洪逆佔據金陵其徒黨分竄各行省連下各城勢張甚越亦戒嚴偉夫公以江少艾謀匿之他所江諫曰郡邑胥陷何處是一片乾淨土計惟賊至則死不辱斯身耳因不果迨十月初四日賊前隊至鄰村大肆殺掠江即潛啟後扉赴水死賊退家人求得其屍知佩有利匕首蓋恐為賊所得也同治六年當事者聞于　朝得邀　曠典俾從祀邑村專祠芳魂烈魄庶足以少慰歟

以上見會稽孫氏宗譜卷五第五十一頁

侯氏傳

十六世國學生楚湘公諱秉簡鳴側室侯氏生本良家性恭順有至行年十七楚湘公納爲簉室入門未幾而楚湘公病瘵侯侍奉湯藥操持家政雖甚況瘁不使主知恐增劇也然楚湘公尩羸日甚侯晝夜調護更無少懈背人飲泣淚常沾襟籲天求代卒無起色于是亟請立繼以延似續楚湘公猶遷延未决迨疾革侯知不可救飲酖而後啟曰飲酖而後啟曰分宜親視含殮第有母在恐不能行我志願先赴泉下以侯主至望鑒愚忱迅定繼嗣使主他日無若敖之餒則雖死猶生矣楚湘公力疾詰之哽咽不復成声遂先殉時年二十有一楚湘公憫侯苦志即擇從兄子家楨爲嗣卒後無纖芥

之爭人尤佩侯之卓識光緒甲午題請　旌表吁殺身成仁

士林且難多得乃巾幗中慷慨捐軀絶無吝色豈非高出尋

常萬萬者大足以風世而勵俗矣

以上見會稽孫氏宗譜卷五第五十二頁

孫氏宗譜

節孝表

昌鏵公之後

維周公派 魯氏十二世文英公諱汝豪之繼配也年二十六歸公纔半載公死未死前一夕公瞪目視魯魯泣謂之曰君心事妾知之誓當爲君養親教子之死靡他越日公死魯果能踐言事姑以孝善遇前室子卒年六十九守節四十四年光緒二十年題請　旌表

維周公派 章氏十四世天錫公之德配也年二十三而寡無子時繼姑在堂性近嚴厲章能事之如母深得其歡心撫嗣子成人終其身飲冰茹蘗而無愠色卒年六十二守節四十年光緒十六年題請　旌表

維周公派蔣氏十四世資生公諱承坤之德配也年二十五而寡無子蔣慟绝而甦閱數日姑亦病臨革時向蔣熟視泣下如雨不能出一語蔣泣指其心曰此中如石願大人勿慮姑歿喪葬盡礼敬捐入宗祠田十畝有奇為舅姑及夫春秋祔祭族人嘖嘖稱其賢現年五十七守節已三十三年光緒十一年題請旌表

維周公派章氏十四世述之公諱承業之德配也年二十九而寡矢志不貳家貧閉户事紡績得其值以鬻子子長俾習經營為之娶飲冰茹蘗備極艱辛現年五十八守節已三十年光緒二十年題請旌表

仁德公之後

君達公派沈氏十二世星一公諱兆南之德配也年二十三寡觸階欲殉姑護之得不死矢志孀守卒年三十四守節十二年光緒二十年題請旌表

君達公派徐氏十二世天一公諱兆龍之德配也年三十而寡事姑至孝姑年邁多病徐晨夕籲天願減己算以增姑壽姑疾頓瘳繼姪爲嗣愛逾于己出卒年八十三守節五十三年同治年題請旌表

君達公派范氏十二世倫一公諱兆元之德配也年二十九而寡秉性貞静謹執婦道朝晚問舅姑安終身無間舅姑殁喪葬如礼撫遺子成立教養兼盡卒年六十一守節三十二年光緒二十年題請旌表

君達公派祝氏十二世瀛一公諱兆登之德配也年二十三而寡誓欲殉姑諭之曰吾婦活吾得生矣祝強起泣曰姑愛我我不事姑是罪人也侍奉益謹卒年五十一守節二十九年光緒二十年題請　旌表

君達公派高氏十三世邑庠生北堂公諱文塏之德配也年二十六而寡敬事舅姑舅歿哀毀如礼及高疾亟姑對之泣高亦泣曰所抱憾者不得侍姑終年耳卒年四十守節十五年光緒十七年題請　旌表

君顯公派周氏十三世元寀公之德配也年三十而寡家貧甚鬻衣飾以葬夫又日夜紡織鞠兩孤成立親鄰有憐之者或以粟米餽周却不受人咸敬之卒年七十六守節四十六年光緒二

十年題請　旌表

君達公派俞氏十四世津陽公諱逸翔之德配也年二十九而寡無子其繼姑性素急小不如意輒呵責之俞委曲承順侍奉養益恭曰吾盡婦職耳豈計其他卒年五十九守節三十年光緒二十年題請　旌表

君達公派壽氏十五世錦楻公諱光清之德配也年二十五而寡伯叔分爨氷蘖萌心以田二畝奇捐入　宗祠曰吾夫得以春秋從祀未亡人願足矣現年五十六守節已三十二年光緒二十年題請　旌表

仁默公之後

明之公派馬氏十五世福齋公諱嘉禎之德配也年二十七而寡藉紡

績以鞠其子矢志不移現年六十三守節已三十七年光緒
二十年題請　旌表

明之公派　馬氏十六世士錦公之德配也年二十六而寡遺孤三歲家
無立錐馬晝夜操作遂以成疾卒年三十四守節九年光緒
十七年題請　旌表

仁寔公之後

乾行公派　趙氏第十世易宗公諱世坤之德配也年三十而寡家無儋
石儲翁老子幼不能存活趙仰事俯畜竭力周旋而已之衣
食恒致不足終其言無怨言卒年七十守節四十年光緒二
十年題請　旌表

子美公派　屠氏第十世文盛公諱世茂之德配也年二十七而寡送夫

葬還勺飲不進姑握其手泣而諭之乃供婦職如常教子成立卒年五十四守節二十八年光緒二十年題請　旌表

許氏（左良公派）第十世楚源公諱世湘之德配也年二十七而寡敬事舅姑無忝厥職教諸孤成立卒年四十四守節十四年光緒二十年題請　旌表

范氏（左良公派）第十世聖遇公諱世渭之德配也年二十一以于歸日作未亡人礼成合巹慟絕蓋棺一幅羅巾誓將身殉舅姑泣諭之曰爾汝習礼訓明大義汝死其如吾二老何范乃銜哀矢志事舅姑以孝聞卒年五十二守節三十二年光緒二十年題請　旌表

葉氏（左良公派）第十世国學生誥贈武義大夫亦滋公諱世潤之德配

紹興縣志採訪稿

也年二十六而寡二孤皆穉辛勤鞠之家素貧布衣蔬食茹苦終身卒年五十守節二十五年光緒二十年題請　旌表

啟元公派范氏十一世涉三公諱德建槐之德配也早寡哀毁骨立每值風雨輒撫膺號哭曰天乎未亡人晏然食息而忍委吾夫于叢棘乎閱數年以無疾終卒年無考嘉慶十四年題請　旌表列郡志節烈涉三公誤作陟三公

爾充公派羅氏十一世赤連公諱建騵之德配也年二十四而寡遺孤甫週歲茹荼鞠養性素峻閫户啟閉皆有常度見者無不肅然卒年六十守節三十七年光緒二十年題請　旌表

緒仔公派周氏十一世昆和公諱建怡之德配也年二十二而寡迭遭變故而周調停得体矢志益堅終其身内外無閒言卒年六

十八守節四十七年乾隆五十五年題請　旌表列郡志節

烈

緒仔公派　潘氏十一世行位公諱德[建]懷之德配也年十九公病革以九月孤屬潘曰好撫之毋使無父者失所吾目瞑矣既寡後辛勤鞠育矢志靡他卒年五十二守節三十四年乾隆五十五年題請　旌表列郡志節烈

緒仔公派　沈氏十一世賡方公諱建猷之德配也年二十五而寡家酷貧遺孤纔兩歲茹苦鞠養嘗語人曰醮而生不若餓而死聞者赵敬卒年八十四守節六十年光緒二十年題請　旌表

子美公派　盧公十一世玉珮公諱建綏之德配也年二十八而寡初公病時盧嘗截髮自誓有疾其嗣子進葯盧曰吾已多活此二

紹興縣志采訪稿

十餘載矣奚蒟爲卒年五十四守節二十七年光緒二十年題請　旌表

左良公派陳氏十一世鼎任公諱汝棟之德配也年二十八而寡事孀姑撫弱息娶婦生孫子婦相繼亡又鞠其孫煢煢形影冰檗彌堅卒年七十二守節四十五年光緒二十年題請　旌表

左良公派陳氏十一世用占公諱汝栻之德配也年二十九公病革頷其子于床側屬陳以目陳泣曰此雖穉必不謂他人父也既寡持躬端肅課子成人卒年五十八守節三十年光緒二十年題請　旌表

平之公派高氏十一世國學生章遠公諱汝燦之德配也自幼聰穎父憲章公課之讀過目輒能成誦年稍長教以詩一季即工喜

孟郊賈島諸集綉餘吟詠寒瘦因之憲章公以其近于哀颯也禁止之相攸甚苛待年十六始字公親迎有期而公忽患危疾鄰族皆勸緩期以待變高無言但于父母前陳古節義事數則父母曰兒知節義豈我不能爲節義女之父母乎兒行兒志可矣遂遣歸公入門後事舅姑以孝聞親侍公牀褥晝夜罔倦無人時輒焚香籲天願以身代又復刲股肉和藥以進皆無效五閱寒暑而公棄養高哭之慟淚血染衣袂親作文祀公其纏綿悽惻之情溢于楮墨有不堪卒讀者時高年纔二十也嘗語鄰嫗曰世以夫死而殉爲烈要知婦能烈則舅姑益苦矣古之所以有未亡人者非不能死良當代盡子職耳越年舅氏士浩公卒高與姑平氏同寢處晨夕相依

如女旋繼公弟明遠公三子為嗣又以田十畝捐入宗祠公春秋得以附祭高生平不苟言笑遇人之急傾囊助之七世祖思橋公祀事未豐捐田七畝有奇為祭產平居無事涉獵書史以自娛曰我不效俗人之佞佛也卒年四十守節二十年乾隆十七年題請　旌表列郡志人物惜誤繫山陰縣下蓋亦採訪之失寔者

（中干公派）張氏十一世書庸公諱廷貴之德配也年二十四公疾不治而語張曰吾無子吾死好自為計張泣應之曰萬一為寡婦萬不敢為再醮婦也卒年　守節　年乾隆　年題請　旌表列郡志節烈

（子植公派）馬氏十二世景惠公諱志和之德配也年三十公將死謂之

曰汝方怀娠柰何焉曰生而死命也壯則一脈未絕何幸如之遺腹果舉男撫養成人卒年五十守節二十年光緒二十年題請　旌表

叙伯公派章氏十二世鏡水公諱元鑑之德配也年二十七而寡上奉舅姑下撫遺孤曲意周旋辛勤備至親戚鄉黨無不頌其賢卒年五十九守節三十三年光緒二十年題請　旌表

尔元公派陳氏十二世龍右公諱祖庭之德配也年二十七而寡痛不欲生既而曰身方有娠柰何斬夫嗣乎遂銜哀盡喪葬禮遺腹舉一子教養成立卒年七十五守節四十八年光緒二十年題請　旌表

乾行公派周氏十二世端揆公諱良楷之德配也年二十四公病與周

訣曰親老孤穉重以累汝周未及答而公歿事舅姑益謹課子娶婦子復夭姑媳同貞卒年六十守節三十七年嘉慶二十一年同媳王氏題請　旌表

賞伯公派　樊氏十二世可型公諱鑲之德配也年二十九而寡遺孤纔六歲謹事舅姑朝夕侍奉無倦容課子成人操同氷雪卒年六十一守節三十三年光緒二十五年題請　旌表

賞伯公派　陳氏十二世彪公諱鍈之德配也年二十九而寡遺孤三家徒壁立以針黹營饔飧鄰里鄰之給與薪米稍可即償還之卒年五十七守節二十九年光緒二十年題請　旌表

賞伯公派　馮氏十二世邑庠生雲鵬公諱銑之德配也年二十四而寡家酷貧舅姑憫其無子諷使去馮曰家有再醮婦不如有餓

死婦也安貧厲志卒年六十七守節四十四年乾隆五十年
題請　旌表列郡志節烈

（輝遠公派）賀氏十二世瞻雲公諱志文之德配也年二十八而寡性至孝善治家事無鉅細必咨稟於舅姑非祭祀人罕見其面継姪承嗣卒年四十一守節十四年光緒二十年題請　旌表

（叙伯公派）陶氏十三世肯堂公諱基之德配也年二十七而寡孝事孀姑姑病進湯藥侍起居躬自滌穢姑歿喪葬如礼課子成人卒年五十四守節二十八年光緒二十年題請　旌表

（叙伯公派）張氏十三世九品職員賡飛公諱文炳之側室也年二十四而寡事正室以礼撫嫡子以恵持己嚴峻率礼無愆終其身未嘗有笑語声卒年四十八守節二十五年咸豐八年題請

紹興縣志采訪稿

旌表

緒仔公派　馮氏十三世燮林公諱樸之德配也年二十三公病謂馮曰吾夢見石柱亭是何兆也馮知公意應之曰坊表妾不敢知烈女不二夫妾知之矣卒年五十一守節二十九年光緒二十年題請　旌表

緒仔公派　章氏十三世燮山公諱謨之德配也年二十三公歿于四川旅邸訃至每日哀慟不絶声乃翁亦垂涕曰人說杜鵑哀婦更哀于杜鵑也曲慰之卒年四十五守節二十三年光緒二十年題請　旌表

緒仔公派　童氏十三世蒙泉公諱果之德配也年二十八而寡家貧母氏使歸甯輒婉謝曰未亡人不與姑相依人將有議我者自

是奉姑撫孤不踰户閾卒年六十二守節三十五年光緒二十年題請　旌表

（乾行公派）王氏十三世啓人公諱光烈之德配也年二十三而寡孝事孀姑父母欲奪其志王涕泣曰兒幸為節婦婦必不敢玷家声也貞潔如其姑卒年六十八守節四十四年嘉慶二十一年同姑周氏題請　旌表

（乾行公派）金氏十三世修職郎汝調公諱光燮之德配也年二十八而寡敬事舅每進食舅以飼其子金輒引之去曰毋損兒福其教子不姑息如此卒年七十一守節四十四年咸豐二年題請　旌表

（子藏公派）曹氏十三世誥贈奉直大夫晉贈資政大夫丹林公諱雲鳳

紹興縣志采訪稿

之德配也年二十八公病謂曾曰吾以子幼家貧爲爾慮曾泣應之曰妾終不以困頓易吾操也既寡甘貧教子金石心堅卒年八十三守節五十五年咸豐八年題請 旌表

賞伯公派 周氏十三世國安公諱宗泰之德配也年二十四而寡家貧無子終日勤女紅以自給卒年五十二守節二十九年光緒二十年題請 旌表

賞伯公派 周氏十三世景風公諱宗浩之德配也年二十九公病危泣謂周曰吾子幼善撫之無使失所周大慟曰甯爲清節鬼不爲齷齪人卒年四十一守節十三年光緒二十年題請 旌表

昭遠公派 倪氏十三世九品職員繩武公諱貽謀之德配也年二十七

而寡家貧落遺孤甫三歲又舉遺腹子茹苦鞠養朝夕饘粥
出自十指卒年七十四守節四十八年乾隆五十五年題請
旌表列郡志節烈

昭遠公派章氏十三世国斈生禹疇公諱貽範之德配也年二十三而
寡無子敬事舅姑請為夫立後曰非此無以慰舅姑直無以
報吾夫也乃撫姪為嗣卒年六十七守節四十五年嘉慶十
四年題請　旌表

明遠公派周氏十三世國學生翼堂公諱貽鎬之側室也年二十九而
寡事嫡如姑勤襄家政事無大小必稟命而後行教遺孤不
尚姑息卒年五十八守節三十年咸豐　年題請　旌表

輝遠公派王氏十三世九品職員叙環公諱貽秉之繼配也年二十八

而寡撫八月遺孤伶仃苦守日治紝績以布衣蔬食終其身卒年七十守節四十三年光緒二十年題請 旌表

文遠公派劉氏十三世九品職員芸皆公諱貽芹之繼配也年三十而寡家赤貧撫養遺孤以女紅自給值天寒夜雪手龜体栗不少輟教子嚴而有法卒年八十九守節六十年光緒二年題請 旌表

爾及公派屠氏十四世亮公諱大榮之德配也年二十二而寡遺孤才三月有諷之者屠正色曰天佑孫氏此兒必無恙黽勉鞠育倫極艱辛卒年七十七守節五十六年咸豐六年題請 旌表

敘伯公派陳氏十四世格仁公諱慶淮之德配也年三十而寡鬻奩資

為公營葬家益窘獨居一樓長齋誦佛恒連日不舉火未嘗向鄰族告貸卒年六十七守節三十八年光緒二十年題請
旌表

叙伯公派

謝氏十四世受益公諱謙之德配也年二十七而寡矢志撫孤嘗誡其子曰非汝吾不至今日慎勿自棄使吾不得報汝父也卒年四十六守節二十年咸豐八年題請
旌表

叙伯公派

王氏十四世孔林公諱廷楷之德配也年二十一而寡屬纊之際一慟幾絕姑泣諭之輟泣受命終歲鍵戶不出即鄰閭罕見其面卒年八十守節六十年咸豐八年題請
旌表

乾行公派

王氏十四世肇周公諱基之德配也年二十一而寡孝事孀姑無忝厥職家貧族人助以米王辭曰苦命婦得從九泉幸

吳何苟延旦夕爲卒年五十一守節三十一年光緒二十年

題請　旌表

（賓伯公派）周氏十四世諱德進公之德配也年十九而寡終日哀號恒

忘飲食遺腹舉一子乃曰吾夫一綫之延今有望矣撫養成

立現年五十九守節四十年光緒二十年題請　旌表

（左良公派）張氏十四世守悌公諱嘉惠之德配也年二十四而寡遺五

月孤黽勉鞠育家赤貧以蚕織自養終其身不告貸于親族

氷操凜然卒年八十五守節六十二年光緒二十年題請

旌表

（昭遠公派）張氏十四世廷尊公諱亦槐之德配也年二十九而寡鞠遺

腹子矢死靡他閲數年病劇不肯延醫曰死固吾志也卒年

三十八守節十年光緒十年題請　旌表

昭遠公派　何氏十四世堯松公諱亦棟之德配也年三十而寡無子泣告于公柩前曰君之姑邁矣恐無人侍奉妾故隱忍不即就死耳事姑孝繼姪為嗣卒年五十二守節二十三年光緒二十年題請　旌表

昭遠公派　章氏十四世宣佐公諱亦樊之德配也年二十七公病危謂章曰悞汝奈何泣曰命也君如不避妾萬不敢以無子易其操既寡撫姪承嗣卒年六十守節三十四年光緒二十年題請　旌表

章遠公派　王氏十四世禹九公諱亦橾之德配也年二十七而寡家貧以釀酒為業王善經紀力任粗作家日以裕晚年孫曾羅列

猶躬自督率不稍輟卒年八十四守節五十七年同治三年

題請　旌表

明遠公派　陳氏十四世貤贈朝議大夫宸培公諱亦楓之德配也年二十八而寡敬事舅姑冰霜厲志非執婦事不及堂非布素不

御卒年五十八守節三十年光緒二十年題請　旌表

明遠公派　李氏十四世玉溪公諱亦洵之繼配也年二十七公病謂李曰爾無子隻身耳奈何李剖鏡誓曰鏡不可合志不可移既寡非公事身不越戶限卒年三十八守節十二年光緒二十

年題請　旌表

輝遠公派　呂氏十四世漢江公諱亦標之繼配也年二十九而寡孝事姑撫前室子女如己出娶婦而子夭孫在襁褓中呂與媳復

苦鞠之卒年七十一守節四十三年光緒二十年同媳季氏
題請　旌表
（文遠公派）陳氏十四世候選從九西崙公諱亦顯之德配也年二十九
而寡孝事姑姑歿一慟幾絕告其子曰汝曹善為人吾將從
姑于地下矣閱數日亦逝卒年四十三守節十五年光緒二
十年題請　旌表
（文遠公派）屠氏十四世誥封通奉大夫星輝公諱亦熒之德配也年二
十七而寡敬事舅姑教子嚴旦遣就傅夜自督誦因叔氏無
後以次子嗣之卒年五十二守節二十五年光緒二年題請
旌表
（敘伯公派）任氏十五世邑庠生玉衡公諱璿之德配也年二十六公病

紹興縣志采訪稿

篤任籲天求代血淚沾襟既寡孝事姑內外無閒言繼姪為嗣卒年四十七守節二十二年光緒二十年題請　旌表

叙伯公派　章氏十五世致中公諱荷恩之德配也年三十公客死章以家貧不獲迎公櫬歸葬恒自飲泣長齋誦佛終日餬紙鏹以自養現年六十六守節已三十六年光緒二十年題請　旌表

叙伯公派　金氏十五世琴齋公諱紹鍈之德配也年二十四而寡不苟言不苟笑勤儉治家動中礼法行高冰潔課子遊庠卒年三十九守節十六年光緒二十年題請　旌表

紹遠公派　甘氏十五世表廷公諱學倫之德配也年二十七而寡遺孤才三歲家計維艱茹荼鞠育柏舟永矢筠操彌堅現年七十

一守節已四十五年光緒二十年題請　旌表

昭遠公派　陳氏十五世敎明公諱學洙之德配也年二十八而寡家貧姑以言諷之淚涕辭曰姑老矣婦若去遺孤且失所此亡人遺憾也奉姑益謹卒年五十二守節二十五年光緒二十年題請　旌表

昭遠公派　徐氏十五世孔訓公諱學詩之繼配也年二十五隸公才三載公病臨革謂徐曰吾母老苦汝身耳既寡奉侍左右婦道克循卒年五十四守節三十年光緒二十年題請　旌表

昭遠公派　章氏十五世郡庠生嘯漁公諱學銓之德配也年二十八而寡性貞靜不苟言笑家貧無儋石儲恒終日誦經得其值以舉火卒年八十三守節五十六年光緒二十年題請　旌表

昭遠公派宋氏十五世楚珍公諱學昆之德配也年二十八而寡無子毀容厲志憂鬱成疾伯姒強之藥拒曰吾得早死從夫于地下志畢矣卒年三十六守節九年光緒二十年題請 旌表

昭遠公派孟氏十五世省齋公諱學曾之德配也年二十四而寡兩子皆稺鄰有諷使去者孟曰吾去誰事吾舅誰奉吾姑誰撫吾子矢志不貳卒年五十九守節三十六年光緒二十年題請
旌表

昭遠公派許氏十五世諱學鳳公之德配也年二十八而寡家貧撫養兩孤力任粗作為次第經紀其婚娶復念夫叔祖以下三代單寒命長子嗣其後現年六十五守節已三十八年光緒二十年題請 旌表

章遠公派章氏十五世寶堂公諱學誠之德配也年二十七而寡性和柔待妯娌親黨咸得其懽撫孤成立時時以孝友語勗之現年六十九守節已四十三年光緒十六年題請旌表

明遠公派章氏十五世嘉庭公諱學亨之德配也性慷慨通曉大義公嗜酒或終日沈醉章輒從容諫之年三十寡親督遺孤課旋為完姻經理一切井井有條同治癸亥餘孽未靖婦婦裒舉一男甫彌月忽傳賊至合家共謀奔竄姑章恐兒為累且恐呱呱之啼遺以召賊也命棄之裒不忍而自度力不能攜方躊躇無計聞章至亟納兒懷中腋裒以出由是裒母子得全其生平急人之急大率類是至賑給孤寒周濟鄰族尤為指不勝僂卒年六十五守節三十五年光緒二十年題請

旌表

明遠公派高氏十五世景昌公諱學毅之德配也幼通翰墨楷法端莊刺繡之餘兼從事于真珠棋局年二十四而寡哭甚哀嘗撫姪為嗣親為句讀而教之卒年七十守節四十七年光緒二十年題請　旌表

輝遠公派季氏十五世立方公諱學澧之德配也年二十七而寡遺孤兩歲姑呂故嫠婦也事之謹姑歿季曰姑生吾亦生姑死吾亦死越十四日無疾卒逝卒年五十九守節三十二年光緒二十年同姑呂氏題請　旌表

昭遠公派沈氏十六世楚帆公諱秉順之德配也年二十四而寡無子母氏哀之沈泣曰母勿以女為念命應爾不可逆也毀容屬

志操比松筠卒年三十四守節十一年光緒二十年題請

旌表

昭遠公派　王氏十六世錫玠公諱秉珪之德配也年二十八而寡舉遺腹子終日事女紅鬻衣食娶婦生孫子以家貧遊學客死保陽姑媳相依備嘗極困躓現年六十七守節已四十年光緒二十年題請　旌表

昭遠公派　章氏十六世蓮生公諱秉蓮之德配也年二十八而寡謹事姑承順顏色靡不畢至撫遺孤所贍給盡出女紅不廢其志現年五十三守節已二十六年光緒二十年題請　旌表

昭遠公派　王氏十六世遇春公諱秉和之德配也年二十六而寡家貧無子人或憐之王曰夫在吾以十指生十指如故吾敢昧心

而負夫哉卒年七十一守節四十六年光緒二十年題請
旌表
昭遠公派倪氏十七世理堂公諱家瘐之繼配也年二十九公歿於江
西旅邸訃至慟絶復甦縞素毀容柏舟自矢終其身不干闡
外事卒年五十三守節二十四年光緒二十年題請　旌表
思川公之後
倍英公派張氏十二世例贈文林郎聖功公諱本學之繼配也年二十
而寡性端謹教子甚嚴曰是兒早喪父不得不以義方訓之
後子登庚午賢書卒年六十四守節三十九年道光十一年
題請　旌表
爾尚公派馮氏十二世國學生建功公諱耀先之德配也年二十七公

病謂馮曰吾死不足慮慮吾子尚幼累汝身耳馮曰君勿慮侍子稍長妾且隨君逝矣卒年三十四守節八年光緒二十年題請　旌表

倍英公派章氏十三世文會公諱廷華之德配也年二十八而寡家貧無子志厲氷霜繼姪成桃卒年五十六守節二十九年光緒二十年題請　旌表

倍英公派王氏十三世祖傳公諱繼先之德配也年二十二而寡敬事舅其繼姑嚴厲不可犯王奉之惟謹撫嗣子成立子卒又鞠其孫備極艱苦卒年七十六守節五十五年道光十四年同媳方氏題請　旌表

爾尚公派梁氏十三世象怡公諱大斌之德配也年二十九而寡遺孤

纔七齡人或諷之梁泣曰如遺孤何如先人祭祀何教子以義矢志不移卒年六十二守節三十四年光緒二十年題請

旌表

倍英公派沈氏十四世和庭公諱克順之德配也年二十七而寡翁老且病日侍左右嘗語人曰翁即父也子婦猶女也安忍以避嫌而爲避勞地乎事益敬卒年四十三守節十七年光緒二十年題請　旌表

倍英公派王氏十四世沛洄公諱觀海之德配也年二十九而寡性渾樸專静不事修飾恒終歲鍵戶工刺繡以自給非祭祀罕見其面卒年四十八守節二十年光緒二十年題請　旌表

倍英公派方氏十四世周梁公諱豪之德配也年二十一而寡矢志不

貳語其母曰婦人從一而終兒所以苟延殘喘者以孀姑在堂遺孤在抱耳卒年八十一守節六十一年道光十四年同姑王氏題請　旌表

王氏［倍英公派］十四世敕授承德郎霞洲公諱照之側室也年二十九而寡敬事嫡室善撫遺孤襄家政尚儉及病呼孫輩至榻以孝友勤儉數語語畢瞑目卒年六十八守節四十年光緒二十年題請　旌表

陶氏［倍英公派］十四世炳文公諱熙之德配也年二十七而寡遺孤才三歲忍死撫養小有疾晝夜調護嘗飲泣曰孫氏子只此一塊肉也卒年七十守節四十四年同治六年題請　旌表

金氏［倍英公派］十五世貤贈奉直大夫清涵公諱世杞之德配也年二

十九而寡，誓欲殉，姑曰：爾有子，且二老存，爾獨不當代爾夫養老乎？乃執婦道如初。卒年六十九，守節四十年。光緒元年題請　旌表。

倍英公派王氏，十五世雅全公諱增之德配也。年二十八，公病亟，囑王曰：我死無子，汝將若何？王曰：倘君不幸，撫猶子即吾子也。既寡，教養嗣子，無貳志。卒年六十九，守節四十二年。同治六年題請　旌表。

爾尚公派章氏，十五世誥贈中憲大夫泳之公諱曰涵之德配也。年十九而寡，遺五月孤，孝事姑。姑歿，嘆曰：未亡人所以不即死者，為姑在故也。閱兩旬，哀毀死。卒年三十，守節十二年。同治年題請　旌表。

倍英公派鍾氏十六世九品職員坤生公諱填之德配也年二十七公病革泣謂鍾曰老母稚子繄汝是累鍾含淚許諾養姑撫孤孝慈兼盡卒年三十八守節十二年光緒十七年題請　旌表

倍英公派張氏十六世錫洲公諱銘之德配也年二十六歸公纔旬日痛絶盖棺乾坤欲碎時公客死閩省乃密縫衣履易服毀容扶櫬歸家奉姑以孝現年五十二守節已二十七年光緒二十年題請　旌表

爾尚公派章氏十六世允豐公諱楙之德配也年三十而寡遺孤才九月苦志撫養閱數年子天章慟哭曰吾夫不可以無後請諸族繼姪為嗣以延夫祀卒年六十五守節三十五年光緒二

十年題請　旌表

（爾尚公派）金氏十六世允升公諱梯之德配也年二十七而寡遺穉孤兩弱女一撫養婚嫁備極艱辛娶婦而子夭姑媳相依不隳其志卒年五十九守節三十三年光緒二十年同媳周氏題請　旌表

（爾尚公派）趙氏十六世樸園公諱棫之德配也年二十八而寡撫養遺孤足不踰閾嘗語妯娌曰吾不幸而為寡婦既寡矣如不以寡婦自處則又其不幸也卒年四十七守節二十年光緒十九年題請　旌表

（爾尚公派）周氏十六世九品職員世英公諱杰之德配也年三十而寡課子以義方責之嘗語人曰撫孤不難撫孤而使孤成立

乃不辱亡人遺命也卒年八十一守節五十一年光緒二十年題請　旌表

（爾尚公派）章氏十七世念祖公諱維燧之德配也年二十七而寡擗踊嗚咽曰未亡人忍獨生乎解之者曰如此兩孤何撫孤即所以報公也乃忍死鞠之現年六十五守節三十九年光緒十九年題請　旌表

（爾尚公派）周氏十七世理堂公諱維夔之德配也年二十八而寡以首觸棺痛絶者數四姑金故嫠也解之曰吾年二十七喪爾舅吾忍苦鞠子至于今今爾年二十八喪爾夫爾獨不念我乎爾獨不當代爾夫養老送終乎乃輟泣（哭）受命孀操如其姑現年五十守節二十三年光緒二十年同姑金氏題請　旌表

爾尚公派 章氏十七世水生公諱維舫之德配也年二十九而寡初公病時嘗言古今貞烈事以見意章含淚應之曰勿顧慮君如不測妾行將從君于地下矣公歿縞素毀容憂鬱致疾卒年三十五守節七年光緒二十年題請 旌表

爾尚公派 趙氏十七世国學生巒侯公諱世震之德配也年二十三公病革握趙手大慟曰我死爾將誰恃而守趙亦泣曰妾恃有志耳妾恃有志之不貳耳既寡柏舟自矢操若冰霜卒年三十五守節十三年光緒 年題請 旌表

敬泉公之後

景梁公派 朱氏第十世天化公諱應鵬之德配也年二十四而寡其母懼不能守諷之朱泣謝曰兒夫雖死兒有子兒敢有有二心

子辛勿再言矢志撫孤卒年六十五守節四十二年嘉慶二年題請　旌表列郡志節烈

惠侯公派沈氏第十世天秀公諱應才之德配也年二十四而寡鉌公纔七日人以語試之沈曰吾喪夫命也婦一醮義也吾敢違命而負義乎孝事姑卒年六十二守節三十九年咸豐元年題請　旌表

培源公派陳氏十一世國學生廣周公諱秉炎之側室也年二十而寡人謂爾非嫡比勿自苦對曰嫡庶名也從一義也失節敗名如義何聞者爲之動容卒年八十八守節六十八年道光二十九年題請　旌表

培源公派尹氏十二世諱大湘公之德配也年二十九而寡遺孤兩歲

撫養成人家益貧操益勵卒年六十四守節三十六年咸豐八年題請　旌表

培源公派 丁氏十三世舜佾生獻公諱顯山之德配也年二十五公以力學病瘵度不起泣謂丁曰遺孤能撫撫之不能撫幸勿從他人姓丁哽咽不能出聲旣寡課子成立篤操彌勵現年五十八守節已三十四年光緒十八年題請　旌表

培源公派 丁氏十三世舜佾生慶崧公諱秀山之繼配也年二十七而寡性端淑事舅姑以敬待妯娌以和督課嗣子厲志完貞現年五十九守節已三十三年光緒十八年題請　旌表

培源公派 張氏十三世諱明山公之德配也年二十九而寡鞠兩孤勤蠶績茶苦萬狀矢志不移現年六十守節已三十二年光緒

十八年題請　旌表

惠侯公派魏氏十四世之占公諱如望之繼配也年二十四而寡父母欲迎養之泣辭曰忍飢寒受艱苦未亡人分內事也無子繼姪爲嗣卒年五十五守節三十二年光緒二十年題請　旌表

帳雲公之後

明初公派周氏十一世漢三公諱萬傑之德配也年二十四公病篤呼周曰汝年少子幼悞汝奈何周截髮誓曰孤可撫妾何求哉既寡屏膏沐課子成人卒年六十六守節四十三年光緒二十年題請　旌表

能之公派馬氏十二世宋基公諱祺之德配也年二十二而寡性專靜

治家以儉教子以嚴卒年四十三守節二十二年道光六年

題請　旌表

紹湖公之後

賀平公派王氏十一世越清公諱元鈉之德配也年二十七而寡撫孤娶婦子復夭姑媳完貞卒年四十九守節二十三年光緒二十年同媳朱氏題請　旌表

賀平公派朱氏十二世宗漢公諱龍潮之德配也年二十一而寡姑亦早孀泣謂朱曰爾無子柰何朱曰姑以舅死而砥節婦不敢以夫亡而隳節也卒年四十七守節二十七年光緒二十年同姑王氏題請　旌表

賀平公派錢氏十四世吉堂公諱衍暉之德配也年三十而寡二子俱

擗忍死撫育每值祭掃輒仰天悲號不食者累日遂以哀毁成疾卒年三十七守節八年光緒二十年題請　旌表

敬岐公之後

六英公派　趙氏十一世震三公諱成雷之德配也年二十五而寡值姑病呼天求代姑頓瘳撫養嗣子親督詩書終其身足不踰閫外卒年　　守節　　年乾隆四十一年題請　旌表列郡志節烈

仰岐公之後

諸亨公派　樊氏十一世觀亭公諱光國之繼配也年二十七而寡遺腹舉一子苦志鞠養未幾子以疾夭煢煢孑立形影相依飲泣終身其操彌勁卒年六十六守節四十年光緒二十年題請

旌表

仁德公之後

君顯公派錢氏十三世元富公之繼配也年三十而寡撫前室子婦倫極慈愛而已恒敝衣操作未嘗一日言苦狀卒年五十二守節二十二年光緒二十一年題請 旌表

仁寶公之後

賁伯公派胡氏十一世邑庠生徽州歙縣典史載山公公諱汝鼇之側室也年二十七而寡句讀諸書課遺孤讀誡之曰爾善繼書香即不負爾父也卒年六十六守節四十年光緒二十一年題請 旌表

中干公派洪氏十三世開祥公之繼配也年二十七而寡或憐其貧諷

之洪曰失節而富何如貧而死其志凜然其操皎然卒年六十三守節三十六年光緒二十一年題請　旌表

叙伯公派　姜氏十四世濬川公諱慶淇之德配也年二十六而寡家貧鞠子娶婦子又客死飢寒益甚嘗語人曰飢寒能斷我身飢寒不能斷我心終日誦經以自給卒年九十一守節六十六年光緒二十一年題請　旌表

叙伯公派　章氏十四世瑛和公諱宗桂之德配也年二十五而寡遺五歲孤家壁立長齋誦佛或勤紡績以自養恒達旦不輟卒年五十八守節三十四年光緒二十一年題請　旌表

左良公派　謝氏十四世軼蘭公諱槐芳之德配也年二十九而寡哀慟屢絶解之者曰殉夫易撫孤難謝乃飲泣襄家政鞠稺子成

立卒年四十二守節十三節光緒二十一年題請　旌表

范氏（左良公派）十四世雲章公諱槐庭之德配也年二十三而寡家貧無子刻苦自勵遇祭祀必豐潔致敬嘗語人曰毋使先人餒而也卒年六十守節三十八年光緒二十一年題請　旌表

沈氏（明遠公派）十四世漢功公諱亦英之德配也年二十四而寡家赤貧無以存活人或諷之沈厲色拒甚至終日長饑而志不撓母家諸姪再四相邀沈輒泣曰吾貧命耳奈何以之累人竟不往晚年為母家誦經而謂之曰吾仍當論值免汝家催他媪耳有姪孫不能成家沈為養良家幼女而匹之未卒前一日向祖宗神主大哭竟日蓋以無子而悲血食之難綿也卒年六十六守節四十三年光緒二十一年題請　旌表

昭遠公派　王氏十五世郡庠生俯山公諱學禊之德配也年二十六而寡遺孤才兩歲父母邀歸甯王曰姑倚我為命不忍左右離也侍奉日謹卒年四十八守節二十三年光緒二十一年題請　旌表

昭遠公派　沈氏十五世兆亭公諱學泗之德配也年十七而寡性貞靜寡言笑時有女僧以米來請沈曰寡婦家豈宜若輩往來嚴斥之卒年八十二守節六十六年光緒二十一年題請　旌表

思川公之後

爾尚公派　張氏十四世例贈修職郎端衡公諱銓之德配也年二十六而寡遺孤三勤理家政教養成人宗黨或以事閧即卑幼必

紹興縣志采訪稿

趙立甚恭卒年七十守節四十五年光緒二十一年題請

旌表

悵雲公之後

能之公派范氏第十世君球公諱國標之德配也年二十八而寡其母諷使去范泣謝曰兒有子兒若去誰為兒夫鞠其子蹈厥撫養矢志彌堅卒年六十一守節三十四年光緒二十一年題請

旌表

以上見會稽孫氏宗譜卷六第一頁至第三十七頁

列女二

目録　列女

陶思永公配施氏傳

壽羅氏像贊

壽羅氏事畧

讀壽夫人事畧有感

越畹女史小傳

越畹女史誄

小螺盦病榻憶語書後

皇清誥封一品夫人胡母惲太夫人墓誌銘

蔡元培王母朱夫人家傳

馬星聯代其兄星輝字春生爲幼妹淑婉徵詩啟

沈汝準先生暨德配駱安人合傳

秋瑾

秋案全稿

旅滬蘇紳上江督蘇撫公函

葬秋被累詳記

改葬秋墓

秋怨之结局

節孝

會稽儒士沈芳桂妻范氏年二十四而寡至八十歲故守節五十八年乾隆二十七年浙江巡撫莊有恭具題請旌

會稽儒士沈紹珍妻朱氏年三十三而寡至六十二歲故守節三十年嘉慶年間請旌

會稽儒士沈鳳彩妻胡氏年十九而寡至五十九歲故守節四十一年道光十年浙江巡撫富呢楊阿彙題請旌

會稽邑庠生沈德懋妻張氏年三十七而寡至六十二歲故守節

二十六年道光十七年浙江巡撫烏爾恭額附題請

旌

會稽邑庠生沈堂妻商氏年二十一而寡至七十六歲故守節五十六年道光十八年浙江巡撫烏爾恭額彙題請

旌

會稽儒士沈枬妻王氏年二十二而寡現存年七十二歲咸豐五年浙江巡撫何桂清彙題請

旌

會稽儒士沈皋樞妻謝氏年三十而寡現存年六十二歲同治六年浙江巡撫馬新貽彙題請

旌

會稽儒士沈希曾妻秦氏年二十九而寡至五十七歲故守節二十九年同治四年浙江巡撫馬新貽彙題請旌

以上見會稽沈氏家譜卷五

九世范太恭人傳

太君姓范氏贈中憲大夫常青沈公之配封中憲大夫紹烱之母今直隸天津道承業候選布政司經歷昌業候選從九品恒業之祖母也十六于歸二十四而寡告終年八十一歲保一綫之系而身見其興可謂賢婦人矣常青公素羸弱以攻舉業成失心病翁羽儀公客江廣亦得疾歸太君竭力營甘旨求葯餌衣不解帶者累年羽儀公父子先後即世太君毀不欲生以姑劉宜人勸勉顧膝前一子一女無所屬銜哀治喪棺殮皆如禮奩篋所有典賣盡傾未幾劉宜人亦去世家止一婢鬻之以資殯葬自是淅米析薪浣滌縫紉之役皆身兼之一門哀薄無期功之助賴其父厚齋公時加存恤遂遷王府莊依范氏以居然太君以城居舊宅為祖宗

所遺每家忌必從數十里外返祭于寢雖風雨無愆期有敝漏輒加修葺忍饑不肯以一椽予人中憲公既長善治生王府莊田廬畢具而太君率兩孫肄城僦親師友老屋風簷一燈課讀恬如也後承業中鄉舉揀選為縣令由懷柔擢宛平除東路同知辛丑夏陞保定府秋九月奉

恩旨補授天津道乙巳春陳情乞養奉

旨終養昌業充崇文門掾五年期滿額駙忠勇公福嘉其誠奏令

留辦

特賜七品頂戴恒業亦得官隨中憲公權什一之利當太君八秩時子婦率孫婦女及曾孫婦女嚴粧垂佩再拜為壽內外男女二十餘人繞膝牽衣歡声如沸閭黨姻婭及郡縣長吏問起居不絕

於門太君囅然曰未亡人始願豈及此今乃可以報先人于地下矣太君勤儉貞淑出于天性尤深明大義兩世窀穸皆手自封土不以貽後人祭必誠潔紙鏹皆親製雖篤老不廢治命以建宗祠增祀產為屬家人化之故承業兄弟雖貴婦孺皆布素躬庖湢無敢言分異者乾隆二十七年巡撫採節行以聞奉

旨旌表旋遇

覃恩承業請以己階貤封祖父母常青公贈中憲大夫太君贈恭人皆如制聖臺昔在都下知承業莅為赤縣有声比又与昌業交得數聞太君之賢并讀中憲公所著行述因齋沐而為之傳太君城居課孫時薪米皆有限制宗人乏薪櫢爨下者予之自掃落葉以炊有族姪假被絮被為鬻裝約寒至則返及冬爽約太君忍寒

而寢中憲公偵知之始言其故此昌業所告予者又其軼事耳世

再姪平聖臺頓首拜撰

見會稽沈氏家譜卷七

貞烈陳十姑傳

十姑余季妹也幼聰穎知大義就余問字一過不忘性情婉順家庭無間言咸豐丁巳　先君棄養越兩年而伯兄又喪時迭遭大故又迫寇氛以故未遑議字也辛酉九月粵匪陷紹城倉皇取梯与余同匿廚屋上凡三晝夜值霖雨衣履沾濡苦不可耐乃復下詣後園小屋中　母哭泣訣而賊欻來妹驚竄往投于池池水淺不得死賊去乃起越日賊又來搜括妹終恐不免由前门自沈于河時同溺者二人賊拯一人起虜之去而妹見遺鄰嫗援之出爲之易上下衣慰譬之曰天下紛紛有何皂白且姑娘屢溺不死安知不有富貴在後乎妹搖首不語至夜潛飲鹽滷而卒年二十五歲余乃置其屍於後園隙地賊平後即於其處用棺殮瘞之由善

後向彙詳題奏奉　旨欽旌貞烈嗚呼死難者多矣若其一念堅忍至再至三而卒伸其志則當世名公鉅卿猶難之況一弱女子哉采不才不能建坊道左爲妹揚不朽名因修宗譜爲誌其顛末如此後之覽者其亦哀斯苦志也夫兄亮采謹述見越城江橋陳氏宗譜

陳氏高孺人傳

會稽太學生陳公珏之配曰高孺人以盛年矢志撫孤成家聞於鄉子曰士鑣遺腹兒也乾隆四十二年大吏上其事於　朝奉

俞旨旌表如例賚金建坊入祠賜祭鄉人益艷稱之爲之傳曰

孺人高氏山陰太學生望臣長女本孺家訓明大体年及笄歸陳相夫子以敬治梱内事等次井井家故有田業不自豐鉛華服飾不御烹飪浣汲必身先婢僕晨起盥潔奉高堂視膳洗腆夜則侍寢至漏永不倦以爲常淑和致祥喜怒不形於色諸姑娣姒之間雍雍如也乾隆辛未夏陳公疾病且革孺人先是得一女尚未有子時方五月娠耳公謂孺人曰吾病幾殆与汝永别有三大事不瞑目堂上母老一汝娠未卜子女二以汝青年孱弱家道非淩

鮮雖保無欺陵者三吾死將何以慰吾地下孺人泣曰君勿憂人孰無病未必不起設萬不幸而阨於算君母我母也陳氏世德相繼及君益厚多善行知君之必將有後也承宗祧支門户勿墮先人基業君在則萬事有君君不在則當以身代君不敢輕身以從君于地下是吾志也越日公歿又越五月而士鑣生于時家勢孤懸制哀順變撫懷中無父兒一脈如縷愛護凜凜然若擎徑寸珠若頗黎器盛盈膏而行危梯若傳火者冒風交于遞攤屏氣不息每上堂則強顔承侍不敢涉死者一語恐傷邁姑之心姑老善病飲食嗜好先意營備未嘗失時而撫摩搔抑起居扶掖非孺人弗為良也姑歿後与諸伯姒共治喪葬如礼比士鑣稍長為延名師晚餘自塾燃一釭坐士鑣其旁絡誦率漏三嚴相与勞勩遇課讀

稍懈輒為作色加飭或述先人酸楚語深督勵之士鑣由是感憤進業倍於常兒歲計所儲有羨資賙恤族戚屢以婚喪貧乏告者無不應蓋樂善出天性云家庭出入無鉅細悉力經紀持籌握算百度修整禮無外徑職不內廢卒以積勞成羸不獲享其遐年女嫁子未婚而孺人以疾終士鑣勤讀書立身砥行恂恂儒雅見推於鄉黨承母教也論曰嘗讀諸史列女傳所紀貞節事多矣而保遺腹以成家者不數數覯焉今陳氏節母具懋德慷慨有大度觀其對陳公臨歿數言豈非烈然偉大夫哉古語曰為善無不報而遲速有時又曰節孝之後必有賢達顯榮之子然則天之報施孺人其餘慶未有艾也

旹乾隆五十一年丙午閏秋朔日同里宗聖垣謹撰見越城江橋陳氏宗譜

紹興縣志採訪稿

陳氏章孺人傳

先嫂章孺人系出會邑章新畬公余兄錦川公配也秉性淑烈無巾幗柔靡氣家人上下咸憚之生三子咸豐辛酉九月寇氛日警因命長子正穀出居于鄉擬即挈家遷避而城遽淪陷兄嫂及二姪倉皇出避城東東大池隙地越宿賊麕至嫂度不免泣謂兄曰君其率二子自覓生路毋顧我也遽沈于水兄惶駭欲拔不得俟夜舁屍至岸側欲掩埋之苦獨力不舉乃止越十餘日兄復至其地則屍猶不腐顔色如生乃陰誌之是時城中賊蹤充斥丁壯輒被虜老弱遭殺戮兄既与二姪失散二姪則隨老嫗流離伏竄幾作餓殍余在鄉蹤跡得之乃設法入城以二姪出不久兄亦逸歸為言嫂殉節狀癸亥春郡城克復兄復履其處則荒草叢雜骸骨

縱横唯叢棘中卷髮猶存上繫素絲簪飾依稀可認蓋服余母喪猶未闋也遂于池畔掘坎埋之是年秋兄亦病歿余欲建碑誌其處則蔓草荒烟一望皆是未識掩埋者在何處也嗚呼經鄉人高侍御延祜題奏奉 旨欽旌節烈 賜祀山陰節孝祠有司春秋致祭如例嗚呼榮矣夫弟壽康謹述越城江橋陳氏宗譜

紹興縣志採訪稿

從嫂荀孺人行實　清　章學誠撰

孺人荀氏考乘龍其先山西人後家京師有三子四女孺人其季也荀故饒於資孺人於諸女中最慧爲父母鍾愛服食玩好必當其意比歸兄垣業遠事君姑陳太君太君閨範嚴肅而家兄又貧孺人安之操習若出寒素寢門起居君姑未嘗不色喜云吾宗自瑞生公寄籍京師至兄四世緦功族屬往來輩下多依兄以居遠客飢寒兄輒爲指劃孺人於宗族之誼尤加意焉澣絖縫紉食飲安處雖拮据百端務爲盡心使人若忘其身之在逆旅者族子廷杞芳濱族孫汝楠輩每言孺人至於感涕自乾隆二年丁巳家君下禮部第及今學誠肄業際子學前後皆館兄孺人以其屬近待之有加三十年如一日故學誠知孺人最深孺人之始歸也未

嘗知閫外事見屋瓦不葺叢生青草輒喜告陳太孺人曰是稷稷者殊佳哉新婦見家殊不見此太孺人之爲解頤已而習知艱辛躬親操作君姑所需莫不應時而給由是君姑愛之無何兒家益貧菽粱數合日再炊不能下咽沃以水使少柔滑奉姑不能時得肉則與屠肆立質券割豚烹鮮以供非時積久券滿不償往往售奩以抵自甘菲薄足緣寸帛不敢自專又天性好潔一衣數十年采色不變今大殮附身猶遺嫁物也君姑晚年得口齒疾已而轉劇食物叉牙入口狹隘孺人每黎明起跪抱進食引匕俟咽良久乃下度一餐既需炊斗粟多許時始得舒膝蓋半年之間有虔無解矣君姑且卒勉慰之曰新婦事吾良苦吾無以報顧吾死後冀兒稍撐達新婦得數年從容償今日勞瘁足矣王舅戴璜公有側室

陳君姑以其無出而守志嘗與共甘苦孺人尤敬禮之顧老而嗜酒引醉輒罵孺人遇之如常後陳病風癉溲便輒遺孺人親與拂除未嘗稍倦陳始好佛誓齋及病輒索酒肉孺人勉給食而躬自茹蔬曰事必有終吾以代其亂其生平不信浮屠氏說雖家貧無肉食未嘗一日自名齋也家君辛未謁選得應城邀兄偕行時孺人有二女長數歲幼方五月食指六七人家無次丁宗戚或旦夕不相問而兄實以貧甚漠然無所向愴惶投五千錢爲宿舂旦暮且去已又不能自決則又嘆曰不幸爲殍命也遂去不能復顧孺人則屏當簪珥先易薪米隨時撙節以佐緩急當是時孺人仲兄聿修官江南通州税使稍稍贍給之而從女適任肇元爲鄭州典史亦時周其乏故所餘一二奩物猶得與質庫權子母措柱歲月艱

苦備歷云孺人生平以言假貸為恥歲時姻婭會集有談米鹽瑣屑及錢貨鄙事者輒引去如避臭穢始來見家見居貧歸盎無一言及家事以故十餘年荀氏不知章氏之豐約最後兩家婢子較論他事漸見根底家人聞之始相與嘆息然荀氏家亦漸裕落不如前稅使君與孺人兄妹故相得及是反賴其濟兄遊三年乃歸則手出一小册自稅使君及剡城女侄所贈外若六親饋遺歲時酬酢以至壺酒盤餐之惠荀銖粒自門外來莫不登記井井月日可按雖質庫之券歲久淪没者具有識別一出一入合如符契而三年之兼餐并日擘績補苴内無廢事而外無乞貸其竭瘁具見於此學者誠自庚辰至京師初見孺人於南城僦舍嘗與學誠從容語此猶出舊簿以示學誠顧孺人顧言笑未嘗自表暴獨喜為學

紹興縣志採訪稿

誠言以為生平不苟亦不可使竟無知者方兄之將行如無以活鬻之可也孺人受而藏之已而典質一空至斷炊終不議及書笈比兄之歸空橐相對不忍問前事唯唯他語間斷屢瞬前後屬意在篋笥語人給曰書帖畫售供炊爨矣兄諾惘然出訪諸戚友具道孺人之所以歸來檢笈則圖書無恙封識猶新始忻然而悦亦未嘗不惻然而感也孺人耿介稍隘以為居貧則志不可挫雖至窮困愈不肯亂敢受勢力遷轉以故三載之中遠近族黨一介取與悉裁以義然往往持之太過時見廉鍔人輒敬而憚之或以為言不能改也而施與之際則不屑銖黍校量百錢尺布時時以贍族戚之貧者族戚之向不相問者其後亦貧孺人又贍之惟力是視孺人生平尤重祭祀自君姑時嘗歸視弟病家諱未親與祭君

姑言之孺人即自責自是數十年先世諱日輒先期刻志拜獻未嘗不親今歲病腫且劇值祀日猶狼狽攫地一跪拜喘息哮發數人扶持之良久乃定則猶奉君姑教也教二女且有家法二女方孩提見鄰啖果餌則牽衣啼索孺人怒以爲艷人所有啓之既而曰嬰兒須養其志爲鬻古琴案得錢數貫他日市少物食之戒以物非己有毋羨也學誠初見二女長者十歲餘次者十歲起坐有度聞人言勢利背輒笑之至今且十年閨門之内每過不聞人聲宗叔鑑數稱之已而嘆曰入門若僧寮精舍幽静之氣森然入人非居室所宜也然二女俱有母風長適胡未三年卒胡氏人衆言論多不協自女之死翕然共稱其賢次女在室頗明慧識道理遭喪哀毀已甚然聞學誠疏行實輒娓娓述孺人之生平凡數十年

遺言逸事覼縷曲盡語中倫要斐惻感動庶幾善述其母氏者嗚呼家風如是是亦可以紀已孺人生于康熙五十四年乙未卒于乾隆三十三年戊子得年五十有四生二十二年歸兄歸十年而遭君姑喪又五年而兄南游越三年乃返返十餘年輾轉窮困未嘗一日寧居而孺人以卒兄痛悼曰吾實負汝吾實負汝嗚呼孺人始生一子繼晟早殤後連舉四女俱不育最後乃得二女長適大興監生胡文銑先卒次許聘涿州附學生趙國泰卒以兄再從弟學誠弟三子華綬爲之後亦孺人志也初孺人生母張夢比邱尼入室而生孺人孺人不喜爲浮屠説以爲鬼神夢寐事恍惚也顧生平夢數有徵兄卒未之應城家君欲其盡室以行孺人不可夢陳太孺人撫其膺曰爾當自審家君宦途果不得志又嘗盼兄

紹興縣志採訪稿

遠書夢君舅赤山公云四月某日當至時五月下旬矣書至發函是日書從彼發耳昨歲之春兄改葬兩世考妣于石榴庄既襄事孺人意忽忽不樂謂學誠曰疇昔夢墓門恍惚爲寢室入見燈光闇淡中設茵褥者三先姑謂曰此余與陳媪居也其一留以待爾我顧而不答忽著黄衣以返其殆不祥學誠唯唯亂以他語退而憂之次女曰八月之望母疾既困翌日謂我曰昨夢輕身坐佛寺庭中覺諸病盡解脱此身洒然已而退入於幽是何祥耶嗚呼其告之矣見章學誠實齋文集卷四

校

葛將軍妾 民國六年九月七日越鐸報眉史欄已登載

道光辛丑英寇至定海葛將軍雲飛率師拒之力戰三晝夜援軍不至遂戰死於東嶽宮將軍有妾容止閑雅而有膽畧聞將軍之死即集他侍妾輩及殘卒數百人乘夜入英壘奪將軍屍歸葬之故里人以比明季之沈雲英汪美孫孝廉爲製葛將軍妾歌云舟中陰與東溟接戰血模糊留雉堞廢壘猶傳諸葛營行人尚説張巡妾共道名姝越國生苧蘿村畔早知名自從嫁得浮雲壻到處相隨明月營青油幕底紅燈下緩帶輕裘人儁雅月明細柳喜論兵日煖長楸堪走馬一朝開府海門東歌舞聲傳畫角中不聞孫軍懸渤海但思長劍倚崆峒新聲休唱丁都護金盒牙旗多内助虎幄方吹少女風鯨波忽起蚩尤霧劍光如雪陣雲高獨鑿凶門

紹興縣志采訪稿

入怒濤誰使孝侯空按劍可憐光弼竟抽刀淒涼東嶽宮前路消息傳來淚如注三千鐵甲竟蒼黃十二金釵齊縞素繡旗素鉞雪紛紛報主從来豈顧勳巳誓此生拚一死頓教作氣動三軍馬蹏溼盡燕支血戰苦綠沈槍欲折歸元先軫面如生殺賊龐娥心似鐵一從巾幗戰場行雌霓翻成貫月明不負將軍能保國居然女子也知兵歸来腸斷軍門柳犀甲龍旗亦何有不作孫城李侃妻尚留遺憾韓家婦還鄉著取舊時裳粉黛弓刀盡可傷風雨曹娥江上住夜深還夢舊沙場 見桐蔭清話

何經文妻呂氏

何母姓呂氏紹興山陰人知黎平府何經文無墨之配也性方嚴有識量年七十餘髮無白者黎明起戒僮婢潔洒掃周歷廚井詢有什器位置失所者皆為正之時仲子煟已貴迎養淮浦官署而呂不自暇逸如此乾隆十有六年七月偶感寒疾以卒年七十有七經文歷知安順石阡黎平三府事听断若神大吏才之嘗令按別郡疑獄多所平反與征烏蒙有功上其名天子將不次擢用會議開通滇大路咸推黎平遂檄飭相視險易及籌所以雇夫役採木石安營汎一切便宜事皆不辭而條上之大吏愈以為才呂聞乃驟諫曰爭人之先易人所難道家之明忌也須不貲之費務未可必之功讒言之所由興也若乃蒙犯瘴務蹤跡虎狼委身命於

峭壍之間又其後矣不听未幾道成冠盖行旅皆稱便而麋帑昌
功之劾已達工部矣尋議削秩令輸還庫金若干不及限者加罪
經文憂迫吕又曰毋庸也公可謂勞於職矣不有天乎其緩圖之
經文故不名一錢而吕又恥私蓄所得俸錢嘗散之族戚雖諸子
及婦少賜予至是窘甚遣子熠及第五子炌堂望门告貸以赴官
限其後炌道遮大吏白父寃狀大吏故才經文而媿炌之言乃大悟
且悔復薦之朝數奉旨調取引見經文且老善病吕勸弗出大吏
者即故相国西林文端鄂公也當吕之命諸子四出也曰行矣勉
之長遠而少近熠因走江南未反而經文及吕与家人以事平歸
僑寓姑蘇熠乃應故大學士無錫嵇公之聘入幕下尋薦爲浙江
海防分守迎其親杭州熠山陰人　以從曾祖騰蛟開軍府湖南死

事占籍靖州為諸生故得官杭州云居無何嵋以卓薦自奏浙水人求調尋自河員遷河庫道距經文為讒者所中舉家無以自存之日纔二十年其子之友紹興守永城李惺曰此母所謂天也乾隆十有六年秋兩浙大旱米價騰踊嵋由河道遷兩淮鹽運使俸入較優鄉人賴以資給者甚衆呂旋語嵋曰汝獨不念有孤嫠不能出鄉而僵臥待盡者耶盍遣人遺其家嵋如言及卒於淮揚署中鄉人聞者皆哭吏民亦為下泣焉初封孺人晉恭人例晉淑人本姓王氏潞莊大族也其王父為呂氏甥蒙舅姓父載蕃大埔同知年十八歸於何子四孫五裕城裕理裕堦裕均裕耆

史官贊曰予嘗為蕺山長詢何氏之鄉人多稱頌淑人何母者謂淑人之來歸其姑早逝姑周之母尚在淑人謹事之每日見外王母

紹興縣志采訪稿

如見姑也後為營葬焉同村張姓負七歲女來售錢千以償逋課淑人如數給之還其女又别給千錢令為生計時黎平未仕而家初落人以為難後其子謙之館予於清浦官署數月因得知其閨门之内肅若朝典心敬異之近更見永城李惺為作行狀益知淑人殆非徒謹愿慕義鄉里嫗嫗之行而識量明達大有裨於厥夫及子之治行者哉也嗚呼賢哉

右傳陳兆崙撰

見觀化叢隨録国朝賢媛類徵初編

童孺人家傳　清章學誠撰

吾宗近世人文則族祖大來族兄鐘族子世法以詩古文辭知名雍正年嗣是族祖大成族子宏業亦有時名余生晚俱未得見乾隆二十五年壬午來京師章氏宗人居京師不下百家獨族孫文欽文欽族子汝楠頗好學可與論文文欽嘗師事宏業汝楠則世法孫也流風即遠先民矩範存焉二子俱長余十餘年而行輩在孫曾列然相歡輒若弟兄已而二子先後出都門余亦周流未有定處乾隆三十七年壬辰暫歸會稽與文欽道契闊因登堂請見老母即童孺人也年七十餘矣方頤垂耳顧盼炯然余謂文欽是固宜壽子為人子幸也文欽愀然曰小子不肖蒙先人遺澤讀書稍有識知顧飢寒失志不能以儒業顯負阿母教余慰之曰古人不

得行道博徒賣漿無所不為惟其所得為何如耳予居京師十二年以倉部曹吏為謀食計深自引恥見人輙諱言學余往來南北見章氏宗人衆矣然語先世典型文章學問引其端欲窮其委沿其流将溯其源舍子沒楠吾未得索解義也子丁亥歸墟里凡五六年閉門種菜課童蒙取問字錢易甘旨進老母父子不戚戚能和雍承色笑是子之奉養賢于三京五鼎而使親心不能一日寧者也子年五十有二而母年七十有六今子又抱孫矣墟里宗人不下萬家能幾此者百不一二數子又奚歉歉耶文欽亦笑而罷已而予去遊江南甲午復反會稽則孺人于癸巳冬杪卒矣文欽搏顙流涕泣告余曰嗚呼我母已矣瀕卒無他言惟云老身不負荊州之托庶幾告無愧耳荊州者伯氏之孫廷臣客死地也臣且

死遺書文欽乞葬祖父兩世考妣歸祔先塋文欽以孺人命自杭州将柩歸葬拮据襄事今歲時享祀不絕云因憶丁亥冬居京師文欽從弟文貴以母喪乞予為誄述伯氏事頗詳謂祖烱於康熙間為大通監督曹吏起家累巨萬金祖考歿世諸子奉母歸葬伯氏居京師奢淫以逞盡喪所遺資又括其餘入粟為鹽場大使為官浙江不足又鬻會稽先業之未析者又不足則乞貸於孺人時孺人夫亡居窮約然猶脫簪珥傾奩篋力資給之謂庶幾悔悟或恢先業而伯氏淫奢益甚往來寧波杭州屢道會稽親見孺人艱苦不稍顧恤旁觀為之不平孺人則自若曰我豈於骨肉間計施報耶伯氏卒以墨敗身死寧波負累官錢無所償有司逮繫其子孺人復為鬻田償所負出其子縲絏中所謂廷臣祖父兩世者也

宗老曰孺人所遇非獨伯氏乃李叔亦不類也貧無行盡鬻厥考田墓砟墓樹根無株留者又毀所居屋廬廳事故宏廠今廢為蔬圃即君所稱閑門種菜者也孺人則痛自刻苦搘挂（拄）朝夕命文欽悉力經營贖歸墓地俾佃人食地所出得盡力培溉冢上楸柏望之蔚然是其于章氏蓋再造之矣文欽欷歔曰我母自康熙五十一年戊戌歸我父於京師雍正五年丁未隨我父歸葬祖考乃反會稽明年戊申以家依從祖王父于常熟典史館署又四年而我父歿世又四年乾隆元年丙辰而祖妣方安人卒復反會稽祖妣之未歿也當時常病風痺手足不仁坐卧非人不為動止我母朝夕扶持未嘗有懈祖母亦非我母不為適也自是遭家多難我母未嘗一日營溫飽私使利以期不墜先人家風是我母大有造於

章而小子乃不克以尺寸報也余聞其言而憮然孺人富盛童氏女父軍林國子監生夫在仁字克宥順天府學生員炯有子五人在仁其中子見章學誠實齋文集卷四

紹興縣志採訪稿

美聚公配何孺人傳

陶元藻

何氏美聚公配父仁佑祖調之官兩淮鹽運司副使世居山陰之峽山生而夙慧八歲見同祖兄篆百壽圖諦視良久歸而仿之如出一手稍長父兄講授綱鑑及歷朝詩古文俱識其大意年十七甫歸於堰拜姑之舅姑畢再拜舅姑韋弦殊性仰承莫可測人為新婦難之其母尤憐女幼在家素逸樂恐不克盡厥職戚甚氏乃曰世俗所謂重慶者子與婦等耳人求之不可得而吾竟得之是吾所幸也戚奚為於是調治甘脆審視寒燠抑搔定省以旦以昏語默進退悉中意指兩世則一褒賢許能母聞之大喜越六載美聚公亡遺孤三曰塤曰篪曰明善初就傅讀書貧難撑拄不能卒讀命釆薪於山或曰於兒何益氏曰然吾固知其無益也第少年

人勞則志壹逸則心馳固知無益而猶役之者吾懼其嬉而惰放而入於邪也三子感泣家本支多窶先人有祀田咸思鬻之以為利諫止之弗聽亟乘舟歸峽山峽中人有聞其事者謂之曰是可析而取也曷為乎歸歸將勿及氏喟曰吾惟不忍見其利以有此歸也嗚呼可謂賢矣春秋屆五十有司以節聞蒙 恩旌表至是塤輩始克樹立飯其親而未亡人荼苦瑣屑複沓已盆積若恒沙又十有八年而卒氏素精女紅於像生技尤工妙得其值免瓶罍恥者有年像生即漢宮翦綵遺制始以花擅名後則亭館士女鳥獸器皿百物無不備峽山土穀祠里人輒以此肆布於筵為神壽壽神者必取給於氏家行且久某歲司事者思減其值弗許怒去將他購焉氏心方悵悵謂藐諸孤從茲餒矣夜夢神告曰無憂吾

徐維則自都門輯錄

非汝製勿享也去者當復來明日其人忽心動果來當題旌時新例於所奏中簡其一錫綽楔以榮之餘皆陪貳惟督撫作書表其閭時氏姓氏居末自度烏頭雙闕萬難倖邀一日倦憑几寐夢一婦隨二女奴從外來問所以曰我吳門徐氏汝前輩也雖然與汝偕寤而驚莫省所謂徧訪吳門寡婦無徐氏者會御史某陳時事以窮嫠良苦凡見封章者乞無軒輊恩如舊施　詔從其議氏因與焉而其時適有副使歸宗重修節婦坊者攷婦顛末乃姑蘇徐氏于歸越中者始悟夢中所謂吳門者吳閭也夫夢近於幼〔幻〕幼〔幻〕則誕妄不可信然其言已驗誕亦可徵故類識於此俾如苦節之能感於鬼神者又如是

以上見清嘉興錢儀吉輯錄碑傳集卷一百五十二

徐維則自都門輯錄

陶思永公配施氏傳　陶元藻

施氏，陶思永妻，山陰人。其先世某以武進士居家，歷官都督。氏獨愛文翰，幼即知書，逮于歸，不廢，課子精以詳。余故於其善女紅、秉家政、盡盤匜箕帚之職，概勿著於篇，著其學博洽多聞，以愧世之師而陋者。思永嘗旅遊，子愈隆八歲，氏授以毛詩，為闡明六義，辨四聲叶韻，極於微妙。又二年，授左氏内外傳、太史公記，為指解雋字義、古通字及句逆用法。外傳聞之驚。又謂愈隆曰：「賣菜傭語往往有來處，不多覽烏知之。」嘗寒夜篝燈縫紉，有女左右之，輒與女襟引通鑑、吳越春秋、世說等，娓娓不倦。女嗣是亦手執卷書不釋云。思永家居，不喜作鄙俗言，雅好纖割人句及事以資談助。親朋有瞪目不解何謂者，氏聞之，知某語屬某朝事，或出某書，了無窒礙古來婦人通文義訓勝下兒者層見疊出然率以窮饑辛苦督課遺孤惟字蘇洵遊學其妻程氏親授軾書軾竟以政事文章彪炳一代元虞汲避難攜妻楊氏與子集投居邊徼苦無書楊氏口授論語孟子反歐蘇等文後集亦克樹立蔚為詞宗今愈隆雖非東坡道園可比氏之教實與程楊等吾越姚江孫文恪妻楊夫人淹通經史教四子成名皆登卿貳有何待三遷教傳經有父兄之句功不自有余嘗以自賢之竊聞氏誡其女曰房中人略識字廢古人四十五日工顧女曹勿以吾為傚也女即隶蘭畹花間帙勿覽然則氏之為教不惟不自有其功且若以知書為悔者其智識不更遠與

以上見清嘉興錢儀吉輯錄碑傳集卷一百四十九

徐維則自都門輯錄

壽羅氏像贊

人皆謂卿之境頗自由，孰則知卿日日受我之苛求；人或謂卿之幼未讀書，孰則知卿事事為我所不如。我卞卿恬，我褊卿恕，我執卿融，我需卿豫，卿急人逾己，卿樂勤不疲，卿過誤勇改，卿語默當時。卿吾妻乎，卿寔吾師。我悔我抱無限感卿之情，奈何每為任性肆言所掩抑；卿過我痛卿抱無限助我之意，奈何一病三載竟与我而長辭。自今將來兮，我欲為善我誰与偕兮；不言者卿之遺像，莫遺者我之悲懷。

乙卯冬　杖期生孝天抆淚題

壽羅氏事略

室人羅氏名雲先外舅羅益三公女与兄長春皆先外姑祁所出四歲喪母今外姑謝其後母也室人自幼聰慧端静為父母所鍾愛与一兄五弟相處怡〻年二十丁父喪二十二光緒戊子來歸余家猶以未畢三年服為憾是年余二十歲先母見背已七年室人又深以逮事舅而不逮事姑為憾也時送嫁喜婦二人其一孕已彌月議三朝後速遣之室人自請并遣二人曰吾家固有女僕在吾非童年何事依戀母家之用人為族姻諸女長親均韙其言伯姑告先父曰新人明白事理殊為難得迨喜婦去唯〻領犒不作求益故態則室人自以匳資豫許酌補力禁其肆咟噪拂先父意也室人勤治羹湯必精必潔未來歸之前數月先父与吾叔初

分爨朝夕饔飧由余自治所進鮮適口者自室人來困難乃解先父雖苦齒脫爲加餐焉越二年庚寅先父患秋痢棄養痢劇甚日數十次時長女兒生已周歲室人左保抱右操作助余侍疾竟夕不眠余每自病榻易衣褥出室人即受於户外親自澣濯設法使速乾以備更換非無可役之僕室人曰使吾親以此取厭於他人吾寧自爲之先父臨歿伯姑慰之曰弟有佳媳爲子助弟可以瞑目矣先父遺命喪葬必儉必薄余自念生事既未能盡礼葬又以薄親喪自致者謂何明知治命之當從猶恐無違之誤解從厚則懼違命從薄則痛違心昏迷之中徬徨莫決室人泣告曰吾意事親莫如順親厚薄亦至不齊君力所能之厚厚幾何均之薄耳必以自爲謂厚者伸己意而忘親言君他日何以自安余悟乃悉遵

遺命辦理嗚呼室人之能竭孝思余實不如此此余所没齒不忘者也辛卯余始出门館同族芳洲先兄家凡二年家事悉委室人壬辰長男彬生癸巳以後四年余在家教讀學徒有宿膳者室人中饋之事乃益煩矣乙未次男栩生丙申余以歷年儲蓄置田六畝非室人勤儉於家未易得此儲蓄也丁酉以後余就中西學堂教習二年館杜山佳先生家一年復就府學堂教習半年丁酉三男校生庚子彬兒患驚癲危得愈室人喜慰告余曰今後當与君益力於善以承天祐是年冬余離北鄉義塾赴吴江大田有寄内詞詞中有句云育子年來邀萬幸待人今後讓三分願卿二語記殷勤即申述室人前語也辛丑春余在吴江宗加彌先生課兩子得校兒殤之耗買棹竟回自先父故後此為余与室人第一次同受

之鉅痛余自是憚遠遊在本鄉就陡亹辦志學塾教習半年就東湖通藝學堂教習二年又在家教讀者半年辛丑冬次女牥生癸卯長女兕年十五矣令入明道女校女已許字何生杲女校監督何杲之母也女入校甫一月以虎列拉亡第二次鉅痛也与室人同哭之甲辰春次女牥又殤第三次鉅痛也又与室人同哭之余既疊遭拂意又嘗厠身越郡公學及會稽縣學堂深感興辦學校之難欲令彬桐兩兒習外国文於是定遷滬之計室人安土重遷念十餘年來与先叔母与從弟洵鄰故婦洙鄰婦与從妹同居依〻与外姑与伯姑鍾先叔姑施先叔姑章歲時覲晤今皆將遠別也寸心忐忑徧体為之發疹然以余之固強辛成行是年冬四男標生余初到滬任愛國女學校教員旋任澄衷學校教員自乙巳

秋入商務印書館以至於今皆任算學書編輯事丁未五男樂生宣統庚戌三女三寶生歲杪曾偕室人携子女一返故鄉親族覿面者皆謂室人容加豐壽可卜孰意未及二稔至壬子秋而病未及五稔至乙卯秋而竟故予室人初來体不甚強喜習勤苦以自磨練体亦增健撫育五男三女從未倩乳婦母兒女冬夏衣服從未倩縫飾甲辰以前即余終歲所著之履多由室人手製也氣血方盛勤苦足為磨練之資年齡漸增勤苦足為勞乏之母此為室人致病原因之一余性卞急遇小事不如意輒疾言厲色隨之言非無理也而色令人難堪又易遷怒古有室於怒而市於色者余反之市於怒而室於色幾以家庭為發洩牢騷之地室人則一味婉順有忍耐而已夫日日忍耐不情氣血安得而不阻滯此為室

人致病原因之二滬寓屢遷不啻逆旅服用器具多滯舊居就毀廢室人既時時感念而危疑震撼之事又續續而來丙午夏有標兒之患驚風其年冬有南林里寓所之被火辛亥春夏有彬兒之患肺炎樂兒之患傷寒其年秋冬有革命之恐慌有內姪羅品節潔冒險投軍之驚懼民國癸丑夏有二次革命之避難其年秋有寶興里寓所之再被火甲寅春彬兒與友遊龍華有其友趙某之墜馬其年夏有三寶女之腹部劇痛有余之患腸炎歐戰事起彬兒在德有音信斷絕之懸念夫腦為百体之樞腦不得甯体何由健此為室人致病原因之三病之初起胸背作痛再苟宣氣調血依中医投以平和補劑或亦得愈乃因余迷信西医而服西藥西医於彬兒樂兒亦曾治愈重症孰意於室人之症治標不治本日

餌以愛司枇鱗爲臨時之止痛愛司枇鱗Aspirine含有毒質之藥也服久成癮即欲戒絶而不能其獘能使腎臟排洩之功用消失而成爲鼓脹而余則未之知此爲室人致病原因之四嗚呼夫者扶也余之扶室人者乃如此此余所没齒遺恨者也室人略識之無未通文藝然其識見涵養達理而平情有遠勝於余之曾讀書者余之卞急事後亦或引歎室人曰君但待他人勿如是待我如是固無妨也既而曰君此後誠亦宜自謹匪曰我不能堪兒輩漸長矣濡染之久憲其他日之克肖也如蔡鶴廎先生之與蔡黄師母乃爲可師耳當余初遷滬時曾與蔡先生同居習見其家庭故室人云然余或於遭遇之事因不如所期而不怡室人曰既屬遭遇之事君即不遇必有他人焉遇之君遇之即不怡必他人遇

紹興縣志採訪稿

之君始怡予吾意隨遇而安焉可也余嘗責栩兒之中文不及彬兒室人曰栩兒未經家塾即進學堂中文根柢君課之亦不如彬兒是當諒之偶論及婦人不可不讀書讀書者有益於家室人曰此亦仍視乎其人若終日閱小說書不顧婦工家事於家亦復何益能居家勤儉宅心公恕吾近年來所与談而有味者得兩人一為四姆可歸功於曾讀書一為秋凡嫂嫂何嘗讀書哉四姆者謂洙鄰弟婦曾而秋凡則友人杜亞泉君之字也室人曰凡家之興必內外合力溯源男子任之節流婦人之責任也余到滬後十年以內合遺產祖息及薪入贏餘凡三致千金先以其一贖出典之祖屋繼以其一入浙江之鐵路繼以其一購商務印書館之股票室人忻然曰能常如是吾雖苦猶甘也室人曰愛兒女者不可不

為兒女惜福吾於兒女衣服改舊者多製新者少製布者多製綢者少懼折其福也余嘗謂教育兒童當自戒誑言始室人深然其説内弟長安夫婦雙亡其子若幼女室人聞招之來滬撫愛倍至獨於其偶有誑言則督責綦嚴兒輩勝衣就學每晚歸來室人必檢視書包一過有增添之物必叩其所自蓋慮其妄取諸人也彬兒於壬子春隻身赴德姻戚代為惜别室人曰兒能力學遠遊我寔喜慰不以其離我為意也夏粹方先生之被刺也凶手王慶瑞寔有人指使之正刑之日鄰居之執業於商務印書館者無不稱快室人聞之惻然曰是人亦可憐之人也貪懸餌之利致陷於刑彼亦為人所害者耳余輓夏先生聯云吸外資能拒外款能槃槃大才瞻矚時賢誰與儗犯極惡代受極刑代蚩蚩無識吁嗟暴客

紹興縣志採訪稿

亦堪哀實採用室人之論也余以不工應酬且守先訓不敢弄賭錢之玩具与同輩處缺少結合性然緩急之際尚能不乏同情者實由於室人之贊助友人某將遊學美洲而缺川資室人慫余將珠飾入質庫以假之如姻如族如學生有病於旅館或學校而劇者室人必勸余招致来寓謂可以審知病狀商酌延医而飲食調理亦較堪遂意也其待人肫懇無间親疏上下僱用女僕視若家人有年幼者教以烹飪縫紉有孀嫠者分外假借之曰吾家無男僕与彼宜我容留之可成其美迨病重臥床僕婦竭誠陪侍無異女之侍母焉故之日舊識之女工有特來痛哭者此非偶然也迷信拘忌之談室人素所不信甲寅中秋傅姓姻戚假余寓以嫁女此事為習俗之所忌謂將不利於寓主室人曰安有是竟諾之嫁

畢来七日室人之病竟驟驟劇幾不起迷信者又來言謂惟娶婦可以厭之勸室人速爲栩兒完姻室人曰安有是吾如娶婦必依長幼之序不以弟先兄姑俟彬兒歸而謀之時正彬兒音信斷絶之際也迨十月彬兒歸室人病雖略差余慮其終將不起也乃舉巨債爲謀後顧之慰藉於是年腊爲彬兒娶婦王明婉於次年乙卯夏爲栩兒娶婦鮑明漪兩次喜事部署井井有條皆室人病榻中籌畫以助余也是夏六月因大風災而遷居義品里是秋七月叔母故余回里成服是秋八月標兒患猩紅熱危急之際西藥無效改延中医乃獲救凡遷居之布置延医之决定及余回里時之行李尚皆室人病榻中籌畫照料以助余者也嗚呼可謂鞠躬盡瘁者矣室人在病中所与余談者余别有病蓐詢談録記之下所

述者摘其要焉室人曰天下苦人多矣吾等做〻吃〻烏足云苦室人曰治膳以食人吾所樂也裁布以縫衣吾所樂也惜乎爲撫育兒女縫衣之暇不可多得耳室人曰君慕善舉乎施藥莫善焉施材莫善焉室人曰君謂回憶已事任何受苦久則淡忘難堪之情不以久而淡者莫如抱歉吾幸未有是吾對於人臨事已竭我誠不自知歉也室人曰吾當受君責善時吾口不言吾心自籌吾必依言而改决不以此事再受君第二次之責言室人曰君情意專一操守謹嚴吾所深信惟君性偏於傲思想太奇界限太清人固以善意相親君竟有時而不受事本屬小德可出君乃謂不容稍差君既自吾爲君辦事者亦進退無措矣此君之短也室人曰吾殆不起矣彬兒栩兒已成家矣各有職業矣吾良慰未成立之

兒女尚有三人將奈何吾死後吾死後願君勿悔薄情勿愁負債君之活多一日好一日也又曰吾所念於母家者吾母老矣吾姪月鑑無父母者也又曰吾雖不壽視吾姑多一紀矣視吾母多一半矣君他日無以塞悲請常念此可也室人曰吾殆不起矣有一事不可不告君約前六年時偕嫗小嫣嫣恒携樂兒赴市一日在人叢雜擠散四覓不見惶急甚幸爲巡警所抱乃携而歸歸則哭不可仰懼受君之責丐吾弗告君吾亦自懼受君之責允其請而與之約曰將俟樂兒娶婦而後告君今吾於樂兒之娶婦不能俟矣故以告又曰吾亦有一事欲詢君十二年以前族妹某與吾共坐君曾召至別室而與言果何事乎余曰噫卿何不早見詢耶此事自辛亥革命以後即不妨昌言於廣衆者也當余與蔡先生同

紹興縣志採訪稿

任愛國女學校左近之時革命志士之組織祕密會者時聚集於該校蔡先生嘗招余入會余則辭之余之言曰救同胞義也顧同胞之中亦分差等救同胞之事亦正多途以革命為救者必先具犧牲生命之決心使余而未有妻子犧牲生命禍止於個人余亦不難從君之勸今余對於較親之同胞已負有較重之責任寔不敢再冒險以救普通之同胞雖曰死於會事者會中有撫卹其妻子之條然會之全体亦尚在冒險之中余為余之妻子代謀覺与其信賴會之全体尚不如信賴余之個人故余對於君之行事祇能代守祕密不能一致步趨也越數日女校生族妹某与卿之手工同學閒談余聞其談及女校集會事並誤謂余亦入此會余慮族妹多言將累及許多人之身家性命也故乘間告以慎言之意

當時不與卿言者因已與蔡先生約代守秘密不欲使其事由余而增多一知之之人也至辛亥革命告成可以言矣而不言則實余無心之遺忘不圖乃累卿懷此十二年之疑團噫豈不冤哉室人得壽四十九歲生於清同治丁卯十月初九日丑時卒於民國乙卯舊歷九月二十五日寅時宗謚恭勤吾叔父府論定也恨吾生之多尤痛賢友之長別早思略述言行無俾遂湮嗒焉神傷不知從何處說起越二年於其將練葬也乃克和淚濡筆瑣碎拉雜而寫成此篇丁巳夏紹興壽孝天

紹興縣志採訪稿

讀壽夫人事略有感

我國提倡女學僅〻二十餘年女子之得入學校者尚寡女學生或以此自負鄙夷其母姑以為未受教育等於廢物男子遊學外国以得偶於彼國略受中等以下教育之女子為榮幸而恥其故婦之未入學校則棄之烏呼此誠過渡時代之怪現狀也二十年前女子求入學校而不得豈女子之罪且教育亦豈僅限于學校自然現象社會變態格言故事之流傳模範人物之親炙學校以外隨在皆受教育吾輩固深望女學大興學校教育能普及於人人然決不能于普及以前舉一切未入學校之人悉以為未受教育而鄙夷之且方今社會組織去理想之大同世界尚遠家庭狀態尚未能驟然革新男女分功之習自少數抱獨身主義者外尚

不能破除所謂女子教育之學校尚未能大軼乎良妻賢母之範圍然則誠得一賢良之妻母安忍以其未受學校教育而輕視之吾友壽君孝天誠而慎者也喪偶以後追叙其夫人之言行吾信其確為寔録不加粉飾者概括而言之則壽夫人之待人也無長幼親疎無不責己周而責人約其理財也節用而善蓄而應人之急又非所吝其教兒童也嚴戒誑語妄取其于陰陽拘忌也一無所迷信而泰然于彌留之際烏呼如夫人者其于物質科學之程度吾雖未敢質言若其于精神科學之素養則雖曾受完全教育之人亦何以過之吾讀其事略而深有感於其今日一部分女學生之見解及一部分男子對于女學生与非女學生之見解故不避氾論而書其後以質于壽君民国六年九月十四日蔡元培

輓辭憶録

聯　　杖期生孝天

挾義任性而略情倫理久修深悔我

菲食積勞以釀疾生平太苦永哀卿

儷居廿八載生涯苦度共勤勤謂来日且同甘不料今朝黯然慘别

病卧數十日家務默籌猶密密凡兒曹須永念可憐母氏久矣劬勞

聯　　功服夫叔鏡湖名鑑

持家如璇室運機耳恩育五息幼尚三人想甚仰望其夫君顧憔瘦仲容慎勿過殫捜晝淚

来蘇遷鎮星周天矣恭勤一生壽僅四紀不克大加於吾嫂使哀頽叔舅能無追觸陟岡悲

詩　緦服夫弟鵬更卒男功服姪棣椽

寥落茱萸獨酒天忽闻旅雁片音傳含愁未忍闲緘讀恐有樊南錦瑟篇

恩〻駒隙太無憑道韞風神瘦比菱十二年前儻追憶小郎頻与解圍曾

比年竟釀膏肓疾援手無能每疚心猶憶刀圭飛片紙車薪杯水力雖禁

為位盡情聊一哭天涯地角兩相違函中無數昌黎淚便逐春申江浪飛

聯　　　　緦服夫弟鵬飛率男功服姪榮東

相吾兄卅載辛勤三鄗共欽進交羨懿嶶堪作則

後我母七旬委化九京如晤對為言不孝尚偷生

聯　　　　胞弟羅齡率男壽鼎彭壽隆松

同父共七人伯兄不祿矣四弟繼亡矣今吾姊亦未獲享遐齡那

堪零落雁行又見七旬老母枯淚暗彈天乎何意

平生俻諸善事親克孝焉相夫盡道焉於內姪且一視如己子方

祝長膺鴻福乃并五秩壽辰期年蘄引命也難言

聯　　　　胞弟羅長康率男品潔水清

念長兄習業以來賴吾姊飲之食之教誨之久感深情敦手足

何造物不仁至是使善人受苦受難受災厄曷勝含痛入心脾

聯　夫表弟鍾壽昌

何必讀書為巾幗中留得好模範

勗哉夫子閫懿懝時猶觸善護持

聯　姻世侍生杜子栩

又見菊花開奉倩神傷應憶前吟增愴楚

莫悲圓月少向平願了會看後日有團欒

甲寅九月室人病篤已而有轉机余偶見雙菊口占句云風雨重陽暗抱愁愁他瘦影不禁秋嵗霜幸得先天厚依舊東籬放並頭　先外祖魯月峯公之友某輓先外祖母聯云每到黃昏常恨人間圓月少相莊白髮偏逢我輩剋星多趁聯用筆超脫余每稱誦之　乙卯夏彬兒栩兒既先後完姻余為室人祝病愈攝全家小影一曾題句云笑向賢卿意樂不雁行鴻耦侍吾儔垂髫兒女參前膝還有團圞在後頭　李天附注

聯　世侍生項松齡率子門人　滕方　雲舫　衡方

昔年遺兕趨列程门飫聞闻範看一世生荊釵無儩鍾郝

此日攜手長辭梁案吾甫瘞琴痛雨行秋淚俱是安仁

紹興縣志採訪稿

越晥女史小傳

前史官山陰平步青篹

越晥女史者，姓孫氏，名芳祖，字心蘭，越晥其號也。生而婐姽，眉目如畫。甫晬，喜趺坐，見者異之。時其父觀察道乾未有丈夫子，女史婉嫕敏慧，奇愛之，若忘其無兒。事母陸夫人及所生母王、慈母張，咸得其驩。好讀書，十二歲師蕭山曹大令壽銘，授以唐宋人詩，輒仿為之，旁及倚声繪事，涉筆罔勿工，顧秘不示人。箴黹花鳥人物，能自出新意，並時閨闈皆斂手，謂為不及。孫氏越中著姓，世居北郊。當是時，觀察君既倦遊，避寇數遷，而從其故居，遂閉關不復出，日擁圖史，課女史以自樂。而羣從子姓方以科第才技有聞於時，女史以一弱女子頡頏其間。社中讌集，徵引故事，猝不省所出，或以寸赫蹏書之，使叩女史，女史援筆為疏本末；至則取插架書覆之無一字謁者其博識如此字秦公子堮年少有隽才三鄗方嘖〻歎觀察君得娃婿矣未行而遘疾逾月遽卒同治十一年七月二十九日也年僅十有九先是觀察君夢女史手白夫渠雲中仙人招之冉〻沖舉心惡之臨歿數日捧其父手熟視強笑若將有言久之不語雙淚承睫下回面嚮壁固詢之第曰明日荷花生日也又絮〻語其父天上新居甚麗嗟乎觭夢之說儒者所勿道然玉谿生箋長吉小傳云帝名記白玉樓而宅書載長吉母夢謂天上差樂勿念由今論之其信然耶時觀察君猶未有丈夫子既慟女史之亡為病榻憶語千餘言哭之秦氏固請迎其喪殯諸先壟女史最嗜佳墨喻麋劍脊藏弆篋衍中無算疾時不喜服散取諸花露啜之其癖幽好絜皆此類也著有小螺盦詩詞二卷其梅花

畫人傳續衡蟬録皆未成前史氏曰吾越閨秀國初推徐昭華嘉慶中又得潘素心夫人皆以擅詩歌韻語傳播尤福與慧兼艷溢人口令女史者不早世異日何遽不若惜哉畀之殊質而扤以無年豈造物本無心耶抑女子有才尤不幸耶悲夫

見小螺盦病榻憶語

紹興縣志採訪稿

越曉女史誄

會稽陶方琦紫盼

年月日吾友寄龕以其從妹越曉女史事屬誄於方琦方琦以為花鬘靈祇有瑤池函列之春乾竺優曇非香海長生之樹終隸天上豈在人間何必假哀艷之詞製幽馨之謚寄龕則謂人天路隔情文理通彙哀悲難君無多讓方琦不獲辭為文以誄之女史孫氏名芳祖字心蘭一字越曉瘦梅先生之弱息也姈姿荏惠妙性莊姝通眉若仙趺坐是佛瀟湘花葉之水姑射冰雪之神宜予鐫翠琬之逸馨咀瓊釵之清豢三生紅蠶化為綺羅之仙百留青麐屏夫鉛黛之飾小歛蘭語畫讀琅環偷寫花規那論斷墨月照水而同景人與花兮各香梧庭分雛鳳之聲桑畒仿春蠶之之字弄諸兄之筆硯珠玉在前隨老子以婆娑風月不淺箴神頻帶畫史分鋟

纓玉致於內心瑯珠暈於滿額斯固泉名明弱女聊勝無男何必
謝家進士始稱不櫛矣先生則棗囍脫虜姑盼徽蘭特種玉勝之
憐並乞琯朗之照細驗心以香草靧兒面以桃花東山玉樹家有
道韞之才曉鏡金釵世少容華之賦太傅琹紫石之字中郎訛朱
絃之音而況絳帳琹声簪花頻學綠楊鐙影斂絮多才綉檻承韄
華庭問字每至春鶯初雨秋蟾夕波喚香成帷涼臚如畫淒鏘而
句品制曼声藉慰莫年終由慧業詎知玉簸光滅金鑠蓄纆黃嫡
磨人鄔婆竭眤長爪之仙不壽素心之襚先盡燼〻湘芷之愁詡
〻玉蓮之兆猶復枕邊弄墨幰底分丸虞曜首以飾韄乞剛丹而
之術量搬欵散孅阿竟沈老疾萑蘭仙山茗邈反切利掌書之吏
為玉峯椒香之遊從此金鹿悲翩躚深潘岳蜀歲殘字祇報秦嘉

梅魂柳景裁爲祭程之文花露松烟寫入哀瓠之記仙壓區軌悲
躍轉圜庸目覼言重銘芳蹟其辭曰
結璘不反弄玉長仙千秋丽質多化雲烟蕣華易謝玉瑩不堅彫
英裂穀今鄒胥然訝耆女史悉倖珍琲鑑景嬛容鍾德齡嵩蘭符
颯寥芳真竟体灵椿婉侍姱其愔嫕君幾賦茗陳媛頌椒英〻才
思方茲未逸慧心純黼嫿能璇瑤左家有女宜命曰嬌癖耆烏玦
墨藻橫斜噙香鬥句鍊斷圖花賦擅小山學承大家前身明月彈
指春花俄如示疾緜惙丹閨紓親強飯詒婢量圭蓮房憔悴桃扇
兮睽灵觀携遊婉衿名鍊何姿之秀而年不永何慧之燿而福不
秉蘭摧玉碎天長地迴羸奩花月淒其寫景寫景兮姍〻芳菲兮
何年采雲艶兮儵陊鐵月佼兮不圓壓藥房兮桂棟彫玉佩兮珠

鈿搴夫容兮遠望，璺沈涕而潺湲。荃何短兮蕒何修，女嬋嬡兮灵不留。瀏歔笙兮飛瓊儔，折芳馨兮山木嘔。反仙華兮夕闌，遺若英兮中洲。痛芝焚兮蕙歎，迺非春而非秋。多羅闌采零陵賈芳娌邛幡悵拏壙銘愓香蜒宛轉鏖鸛悲凉翠珉志沕亙亙千霜

見小螺盦病榻憶語

小螺盦病榻憶語書後

余比年觀人頗以順親二字為的而未嘗不歎孝行之不可多得然於孫氏之門幾而失之微病榻憶語一編亦奚自知其微哉孫氏越望族也畹蘭女史名香祖歸楊氏戊辰歲以孝旌於朝異日誌傳必有能傳其人者越數年而有心蘭女史心蘭瘦梅先生女畹蘭從妹也孝行多祕於閨閫不得聞先生亦畧不述及殆以孝為庸行歟杜奉常妹婿以是編見眎余閱之瞿然曰是復一孝行女也今亡矣忍不書女史善刺綉工詩詞旁及諸子百家多涉覽越人咸多其才余以為猶淺之乎測女史也先生樂於闡幽遇節烈貞孝徧之惟恐不詳且耽吟詠苦無子恒慼慼然女史知非詩書不足以承歡恒手一編依依膝下反覆問難俾先生得以教子

者教之廢幾忘其為無子也壬申五月病先生憂之女史竊先生之憂慮無以解也取畫中詩之法以刺繡行之女史雖敏悟寔先生涵濡漸染有以成其天性之愛者也已而病劇屏書史医者多棘手先生憂甚女史猶強起坐桃笙弄紈扇製碧筩窮究爾雅怡情乎娛親耳展卷至此不禁淚涔涔益歎其孝之觸處皆是而用心亦良苦矣雖然余更悲其彌留時娛親之術窮矣而天下上新居之說未始非以死而不死者慰之也是以臨終握別強笑承顏卒不作一慼慼語者始終不忍貽親之憂之心耳他如張氏病事如其母則其平日事父若母概可見矣純孝哉純孝哉先生之集是編也將有重欷累歎若惟恐其不傳者然而女史傳矣嗟乎吾儕厠鬒眉之列讀書數百卷其果能行斯行耶存是心耶其能不

對之而顧之汗而心之怍耶又何論文之足傳女史否耶若夫造物畀其才而促其壽或豐於此嗇於彼默司其進退予奪未可知也或听其人之自生自死自夭自壽於其間雖造物無權焉亦未可知也然而女史之孝傳矣其他生平言事奉常猶能詳述之余特歎其孝行之萃於一门也故書其後而并及晚蘭云時同治甲戌良月下澣會稽姜秉初雲舫氏書

紹興縣志採訪稿

皇清誥封一品夫人胡母惲太夫人墓誌銘　仁和譚　獻撰文

夫人陽湖惲氏安徽候補道光業女伯兄浙江糧道祖貽弟浙江布政使祖翼福建泉永道祖祁年二十三歸胡大夫裕燕方侍宦宿遷令廨夫人賢孝夙成幼而婉順少長隨母張太夫人左右礼敬襄家政自饔飧達賓祭率循秩序既歸胡宿遷南北衝要遘兵賊騎充斥大夫侍翁公戰守全城事具大夫墓誌嗣是夫主入官歷試艱鉅夫人奉姑孫太夫人避地轉徙無恒宇居上海後蹤跡小定夫人調護出入伺安視膳不使艱辛㷀姑耳目已而泰興官丞夫主遭父喪兄弟毀瘠兄竟死孝夫人扶持以礼大夫幸全而喪礼節目皆賴夫人擗踊上下纖巨無失服中庀家政伉儷同心讓產少年孤露二從子不以食貧縈抱釋服隨夫之官上元清

河江都甘泉頗於退食以寬濟諷條教之嚴矯剛用柔得中者有內助焉中年得男念修愛子成家矣從子之長者無年姑心盡傷得疾棄養夫婦痛絶扶柩歸葬浙東禮成後平章家族嚴陵故居爲羣從營商山陰聚族贖田祀祭設塾課宗人子弟大夫振凋夫人實佐治其目彼君子女也之謂歟閱五年大夫以知府班再赴江蘇勞勩叢集拳膺工游特薦未及赴都光緒辛卯中風謝世夫人誠至宜家而歲時有庭闈之樂恋遠道省視者再三母太夫人愛憐尤篤大夫卒日夫人乳病哀慟日劇以太夫人繫念故小愈輒率子赴甯比光緒丁酉仲弟總藩浙江壽母就養夫人時已卜宅杭州於是子女夾侍板輿怡親如夙昔家庭之樂然未亡人汲汲顧影疚疾侵尋明年二月告終內寢年六十三夫人性樂施近時

振災恒濟金粟不欲人知歲壬辰蠲山東棉衣千領大府奏奬
恩賚樂善好施褊以旌閭夫主令子崇階迭晋
誥封一品夫人子念修花翎三品銜江蘇補用道從事科舉未之
官孫義渠候選部主事孫女三人前室許夫人蚤卒先葬袝祖塋
念修乃奉惲太夫人合葬先大夫石柱山新塋涕泗請銘〻曰
世佩女學景茲高門孝親在室毓賢使君工詠善繪旁闡有文贊
輔賢令施於里闔循吏述入傳列女依因佳城同域春秋享禋
見息園舊德録

蔡元培王母朱夫人家傳

母朱氏山陰人年二十有六歸同邑處士王君楚辰越十五年而居寡處士好施與戚族待以舉火者十數家族子弟之資以就學者難以計數以故落其產處士殁遺子二曰心三曰為广無以教養母典環瑱以綴束脩母蔬食三十年不裘不葛自奉簡約頗遇困乏周恤仍不少吝嘗曰人生窮達幸不幸耳不能以此論賢不肖也聘冢婦婁氏忽喪明戚友咸勸解昏母曰今我不娶女將安歸且必憂鬱致死古有劉廷式兒何多讓卒為子娶之加憐惜焉是時心三兄弟與秋女士瑾設廣智學會以改革為志幟鄉人大駴亟母阻之否則行召赤族禍母慨然曰結會講學古人所尚若言改革則炎黄之裔皆當有事特兒輩弱植不能勝此能勝此媪

所願也其後秋女士以皖事牽連被害營葬西湖母命次子為广往助其役民國紀元前三年三月母居姑喪病遂沈篤屬纊誡二子曰願汝進德修業勉為完人莊周有言哀莫大於心死兒體此予心安享年六十歲心三為广為廬居喪一衷於禮與元培有故因次其事 此稿係勸學所孫子松交來

馬星聯代其兄星輝字春生為幼妹淑婉徵詩啟

（庚寅年）

幼妹鳳姑字淑婉生有至性深得父母歡心年十齡即嫻針黹喜翰墨遇談古孝女事輒聽而忘倦歲庚辰星輝幕遊陽羨時次三兩妹年俱及笄待聘幼弟纔離懷抱欲分堂上之勞遂携妹及室人偕行方叩別庭闈淚如雨下其離別可憐之色至今如在目前迨壬午歲始挈內俱返此數年中蓋無日不白雲凝睇也既而次三兩妹先後遣嫁幼弟暴卒星輝衣奔食走萍蹤靡定膝下所恃以承歡者惟妹一人妹之不忍離父母猶父母之不忍離妹故二十六歲尚未字焉閨中女伴寥寥刺繡之暇喜誦多心經茹素幾及十年意將為堂上祈壽二老偶有微恙即使涕泣籲天求代今

歲十月先嚴染疫綦篤星輝遠遊未歸妹憂甚而又不敢見於面親侍湯藥衣不解帶者二旬及星輝抵家父病已殆羣醫束手筮卜皆遇凶兆始知疾不可爲妄思刲臂以格天心夜半背人和藥以進而父疾竟不起妹初不欲令人知迨蒼黄號哭始偶露形色母及嫂解縛視之乃信嗚呼有妹如此此殆非好名者所爲也且女子何知不識殘毁支体之非孝又安知刲臂療親之爲孝乎[illegible]救而不效方憤且媿之不暇而又何名之忍言哉顧當今朝廷以仁孝治天下遇此等事例得請旌葢不忍以聖賢中庸難能之道繩天下之愚夫婦而惟取其心之誠切激發無暇他顧而已星輝無力不能爲妹增榮綽楔苟得當代立言君子鑒其愚悃錫以瑶章行將壽諸貞珉傳之永永不惟光增家乘兼可礪我諸昆我諸

昆咸奮然而興曰有妹如此愚哉不可及此稿係勸學所孫子松
交來

紹興縣志采訪稿

沈汝準先生暨德配駱安人合傳

先生諱灋鋆，字汝準，會稽人。父翼心，篤雅好學，研精經史，博覽强記，工詩文詞賦，擅名於時，得蕺山、梨洲之傳，而負理學重望。与士人講論文藝，尤勸以篤行立品為先。先生聰敏絶倫，既有父風，亦騰英氣，讀書手不釋卷，為文章貫串古今，直抒所見。幼齡補弟子員，文譽蜚達，克承先志。弱冠從父游學武林詁經精舍，俞曲園太史見而異之，遂訂文字交。朱侍御湛卿、王觀察菀生皆為先生知己之師。先生文愈工，學益勤，而秋試輒不中，人咸惜之。乙未輸鑲獎叙主事銜，候選訓導。先生乃以申韓之學橐筆游皖，歷佐宗刺史文宿於潁、亳、宣南諸劇邑，為幕賓，皆贊襄有道。辛丑冬歸省，從弟桐生方自東瀛隨使韓国，相与譒譯日本騎兵隊、輜重隊法程

紹興縣志采訪稿

紹興縣志採訪稿

並釐訂家乘及先世遺著皆井井有條蔚然成書而事親純孝雖勞苦困乏奉養無闕父卒有叔父三人服官游幕於陝中均相繼作古諸叔母寄跡他鄉伶仃孤苦亦均迎養還家甘苦相共李父有子瀛衡幼失怙恃今已入庠肄業中學堂皆先生悉心教養有以成之余閱天下之幕友多矣如先生之天性篤摯而孝友如此尤為難覯年來游粵程雨亭方伯雅重先生聘諸文案諸務慶郡伯出守瓊郡亦延為上賓瓊崖道吳漁川多餘三兩觀察亦常倚重延譽不置元配周安人先卒繼配駱安人沈靜有度于歸先生後事姑則孝事夫則敬有睦姻任卹之風所謂先生得佳偶沈家有賢婦矣先生志在四方多年馳驅春間奉母史太夫人之命挈安人來瓊團聚甫百餘日倏遭先生病篤躬侍湯藥百救無靈竟

然不祿先生將逝時神識湛然語惟不及終養慈親爲憾其孝心之發露如此安人誓死相從遂乘間仰藥身殉隨先生同時而卒時在光緒三十二年六月十三日　時先生年四十有一安人年十有

雲逢幃曰嗚呼先生優於才而不遇於時豐於德而不永其年若安人之柔嘉端淑而能從而殉之均可慨也先生從弟桐生吾友也情閔友于念切庭幃一寸愁腸斷而復斷千行血淚痕上添痕不忍以兄嫂二人之品節湮沒不傳屬余爲傳識之余不獲辭惟仰先生之德業敬安人之芳烈言雖無文尤必敘其梗概顯微闡幽以誌於不朽　見覌化盦隨録

紹興縣志採訪稿

紹興縣志採訪稿

紹興縣志采訪稿

秋瑾

秋瑾字璿卿別號競雄人號鑑湖女俠家世仕宦與表兄徐錫麟友善宗旨類合語及革命事慨然以光復為己任甲辰赴日本游學與其同志組織共愛會旋被舉為會長留學界中翕然稱慕之會取締留學生事歸國主講潯溪學校教育循序而進成績為各校冠復倡辦中國女報冀以提倡女權作家族良導師五月錫麟謀敗紹興府貴福接張曾敭密諭拘拿錫麟家族查抄革命證據丁未六月初四夜徐父梅生及徐所開之天生綢莊并夥友人等綑拿無遺又復肆其株連手段帶兵至徐辦之大通學校查抄學生年幼膽微見大兵陡至莫知之所措貴福不問情形遂命開槍致斃二人傷七人秋瑾方任校務亦被拘教員程毅及學生等六

紹興縣志採訪稿

人亦獲去又多方購覓秋瑾所撰之檄文兩篇貴福據以邀功旋
興山陰會稽兩縣嚴密搜訊以無通匪之供據不得賞邀功之目
的乃迫令跪大鍊大磚慘不忍覩程毅瀕死而復甦者數次秋瑾
書僅秋雨秋風愁殺人七字而已旋即被殺亡年僅三十有三也
瑾既被殺暴屍道路雖親族無敢收其屍嗣石門徐寄塵桐城吳
芝瑛二女士卜地西湖西泠橋畔築石葬之題其墓曰鑑湖女俠
秋瑾之墓逾年滿御史常徽奏請平秋瑾墓而治徐吳二女士罪
張曾敭悉貴擅專不究僅密令秋瑾之從弟出首自請遷葬而已
以上見小橫香閣主人所輯清朝野史大觀卷十二

徐維則自都門輯錄

秋案全稿　徐寄廛編録　第一宗

（一）張曾敭致貴福密拏趙洪富許道亨函

逕啓者據金華嵩守電稱武義獲匪聶李唐等供出黨羽甚衆内有趙洪富縉雲人在紹興體育學堂司賬勾结大通學堂黨羽希圖接應起事請電飭密拏等語查現在各處革命黨俱思蠢動該郡無論何項學堂但查有縉雲趙洪富其人立即密拏拘禁電禀候奪再前准南洋大臣電拿匪黨許道亨即振鵬字雲翔係紹興府人應即一并查拿電禀日昨皖省有革命黨倡亂且係學界現已撲滅（案即徐伯蓀諸君）足下办理此事務当加意慎密至要即請升安並希速復愚弟張曾敭頓首

（二）張撫諭拿沈鈞業徐偉等函

逕啓者足下去後接安慶來電内開昨又搜得徐匪信箱派員逐細點查内有方世鈞誓書一紙語極背逆方世鈞籍浙江嘉興縣小落北又有沈鈞業致徐匪書信八件多有謀皖之語並有運動奉天巨匪馮麟閣之意沈鈞業籍浙江山陰縣西郭门外張墅村請速派文武嚴密捕獲以絶後患徐匪胞弟徐偉致徐匪家書有浙皖辦事已自酌定等語今皖亂而浙繼之不可不嚴為防範以保兩省治安等語除方匪籍隸嘉興另飭密拏外紹城現在無兵已密派衛隊一棚十四名赴紹以便將沈匪及徐匪胞弟並武義獲匪供出之趙洪富先行密拏搜查信件證據電禀核辦應否添派得力縣差或俟兩隊到後再辦悉憑酌定前開三匪及其他首要拏獲之後即大張曉諭凡誤入會黨而自行報首繳出搶枝及可

為證據之誓書匪票等類者概予免究並於四城設櫃許令暗中報繳匪票等類其首要各犯雖無可貸然自行報首願充眼線另拿緊要渠魁者亦予免罪以為解散黨羽之計此係大畧辦法一切仍與（胡紳道南）（案即宗羲係告密之為首者已於去年槍斃）熟商妥辦寄去密碼一本到後擬定辦法電知專此即請升安名另具張曾敭六月初三日到

（三）貴福請派兵隊電二通

撫憲鈞鑒越密隊未到甚危險請飭李統領（案即李益智）轉飭速來並懇加派一隊福江六月初三日

撫憲鈞鑒越密高排長今早七點到大隊尚未到一時難下手聞匪多往嵊縣容續電福江

（四）張撫諭拿徐氏家屬黨羽電

府密電悉頃接江督電開大通學堂徐匪死黨必多既經派兵查办当不至竄逸貽患沈匪及徐匪家屬祈迅飭掩捕務獲審办又電開徐偉已在九江拿獲等因兵隊暮後可到俟兵到即行拿匪查堂搜起證據並飭縣將徐匪家屬嚴密看管諭以但不知情当設法保全隨時電禀院江

（五）貴福掩獲秋俠等電二通

撫憲鈞鑒越密拏獲黨羽問供後當有電請遲閉憲轅福支六月初四日

撫藩臬憲鈞鑒越密前據胡紳道南等（案此等字可見当時告密者固實繁有徒也）面稱大通教育會女教員革命黨秋瑾及

呂鳳樵竺紹康等謀於六月初十邊起事竺號酌仙本嵊縣平陽黨首領羽黨萬餘人近已往嵊糾約來郡請預防等語貴府星夜請兵蒙派隊來郡今日申刻往大通及嵊縣公局起軍火詎匪等開鎗拒捕兵隊還擊傷兩匪並獲秋瑾及餘匪六人起出後膛鎗二十五桿子彈數百奪獲秋瑾六門手鎗一根探得該匪等因徐匪刺皖撫後謀倣竺匪糾黨到開會追悼即行記事知其事者驚慌萬狀現訊秋瑾供不吐實查看該匪親筆講義斥本朝為異族證據已確且據徐黨程毅等亦供秋瑾為首惟起事尚無准期若竺匪一到恐有他變應請將秋瑾先行正法（嗚呼忍哉嗚呼傷哉）餘匪審出實情再行電禀又據供大通學生全體赴杭請戒備福徵六月初五日

（六）張撫詳詢情形並責守復電共三通

府徐管帶越密拿獲戕匪係何名槍彈各若干尚謀在何處倡亂速復院歌

府越聞該堂主持者係竺姓及王金發校長秋姓多人均應查拿復院哥

撫憲鈞鑒越奉電諭敬悉拿獲秋瑾及餘黨六人已經電禀竺王兩匪赴嵊糾黨圖隶郡滋事已飭縣密拏並懸賞各千元刻下尚無變動福歌六月初五日

（七）張撫殺害秋君電

府越秋瑾即行正法（痛哉已矣）速嚴訊程毅等各頭目姓名蹤跡設法嚴拿徐匪家屬（可）並掩捕入杭學生如有匪首在內究

出姓名速電覆嵊匪最多應嚴飭秦令及提標兵趕緊設法搜捕
聞竺匪已於日前由嵊糾三百人到紹應購綫密拿並會商徐管
帶酌留數排駐城餘仍令捕賊爲主並屬時刻警備毋爲所乘獲
匪均何姓名起獲後膛鎗是何種匪鎗究有若干復院歌

（八）貴福札山陰縣監斬秋君文

賞戴花翎紹興府正堂貴札山陰縣知悉本年六月初五日奉撫
憲張密電内開府越秋瑾即行正法（中略）云云等因奉此查
女匪秋瑾前於供訊後飭發該縣收禁一面電稟請示在案兹奉
前因除程毅等及頭目姓名及嵊匪各節由府分別訊明稟復飭
外合亟釘封密飭札到該縣立即遵照查明例不停刑日期會
同城守營多派兵役監提該女犯秋瑾到案當堂驗明正身綁赴

市曹監視處斬仍將決過日期及監刑文武銜名具文通報毋稍違延干咎切速火速火速特札

（九）山陰縣知縣李鍾嶽申報決過秋君日期由

爲申報事奉憲臺札開本年六月初五日奉撫憲密電（中略）云云等因轉行下縣奉此遵即會同紹協左營胡占魁選派兵役監提該女犯秋瑾到案當堂驗明正身綁赴市曹監視處斬訖除程毅等聽候憲臺提訊並緝獲餘匪究辦外理合備文申報仰祈憲臺察核除申督撫學憲暨藩臬道兵備處憲外爲此備由申乞照驗施行須至申者

（十）貴福稟報決斬秋君情形電

撫藩臬憲鈞鑒越遵憲諭已將秋瑾正法獲到程毅錢仁 王植槐

蔣繼雲徐頌揚呂楨松六人似係附從尚在研訊王金發糾到三十人聞已由上灶逃竄竺紏大股匪幸尚未到否則糜爛已懸賞購竺王二匪賞格各千元一面委員赴嵊會同秦令嚴拿起出之鎗名九响毛瑟聞匪軍火甚多藏處探不確近由三界紳嚴密調查大通三船學生赴省未得主名又聞省城各客棧多有匪人請密查戒備徐匪家屬已提訊實不知情容另稟福魚六月初六日

（十一）張撫催詢秋君決斬情函電計三通

府越昨電飭將秋瑾正法已否照辦恐前電未達如尚未正法即速行正法以寒匪膽此事只可解散餘黨萬不可任意銷弭院魚

逕啓者初五各電及本日由甬轉去之電是否達到秋瑾已否宣辦此事入手必須從嚴始能解散若意存消弭釀禍必大惟不可

株連學界然萬不得已與學界中人商办以後遇事務須據实禀陳毋稍欺飾敝處須得有实在情形方能核办派去兵隊係為拿匪之用豈為府縣看家種種畏葸办理乖方現派陳道翼棟前往督办若再因循誤事非我所能寬貸也并聞初四日格斃三人拏獲十八人並獲馬匹相片等件何為不以实告前電飭拿徐匪家屬搜查信件已否办到一一據实禀復起出相片悉數寄呈每日專人發一禀報不得有誤即頌升祺名另具初六日

再電桿為人砍斷是何情形今日擬致未發之電附閲一併密查禀復

紹興府越歌電悉南洋電開皖匪信件内有山陰人陳威號公猛現為北京法律譯館教員又會稽昌安门外皇甫莊人范肇基號

愛農係日本學生又竺酌仙許仲青曹醴泉陳濟安呂鳳樵童濟時六人除竺呂巳飭拿外其餘均應一律購拏昨夕歌電應逐節照办電孫家屬信件尤要提臺巳派添兵赴嵊果能擒渠擊賊郡城自安營縣事前踈縱應責令緝拏諸匪自贖懍懍並囑徐管帶努力不靳優保也（此之謂以赤血染成紅頂其計殊妙）復電費准開支院魚

（十二）貴福受張撫詰責後之復電

撫憲鈞鑒越奉函諭惶悚感激歌電奉到後於初六早將秋瑾正法魚電夜半到電桿為水冲坍非砍斷此事揭破由學界餘同聾瞶（業據此電可見当時官場於秋君行事全然不曉獨本地紳士與之為難忍加殘害　鐵證顯然尚可掩耶）既無偵探不得

不利用之然通情者不敢與謀且事後須懲一二人以儆弁府籍長白必不為彼黨所容非有見好求庇意兵隊到後與兩縣議決力主拿首要寬脅從會稽李令猶疑過激駐兵本擬龍山有學界居住多不願搬因駐署內自愧不能無懼有謠奪犯故分兵縣署女犯正法已歸隊大通假豫倉屋兵不知誤拿看倉人 又往嵊縣公局搜匪亦有平民在内當訊供釋放十一人格傷只兩名不敢冤誣隱欺查獲之件非止一日一起電丈難詳已開單交憲使徐匪兄弟已遠避山陰縣派差抄搜無據匪父梅生提到訊不知情父子反對衆人皆知弁府老母受驚致病垂危還念大局悲憤填胸事多人少或有電稟内稍疎漏幸曲原並無取巧之見蒙派陳道督办有所稟承憲恩高厚矣福陽六月初七日

（十三）張撫諭拏竺紹康王金發電

府越電悉程毅等六匪如曾開鎗拒捕及有謀逆證據不得以附從論提速查訊明確稟办毋有意開脱徐匪家屬仍應看管竺王均係巨患紹事略定所派兵隊即應注重嵊縣或及其未至半道截擊或馳往嵊境會同提標兵盡力捕誅事经電奏萬難含胡綫路應飭縣保護衛隊一棚即行回省餘查照前函办理並告陳道院陽

（十四）貴福為程竺王事復張撫電

撫憲鈞鑒越陽電敬悉程毅等尚無確供現飭兩縣研審意在得其内容開脱於身府何益竺王未獲軍火未起紹城必有糜爛之日匪等假託革命实抱搶刦主義彼主意在郡城富室大舖必不

在嵊縣起事行蹤未探實兵去嵊無益其來非彰明較著無從截擊第一宜多派偵探察其行蹤第二宜戒備郡城不使混入非昇府擁兵自衛也現經眼綫分布期在必獲搜查軍火兩縣甚不得力奈何衛隊已令回省昇署人夫均病爲難之情有不能告之憲台者一日一差稟實無人差衹可電稟福陽六月初七日

（十五）貴福搜獲大通鎗桿電

撫藩臬憲鈞鑒頃昇府親往大通在廁所搜出九響新毛瑟十六桿舊毛瑟五桿十三響一桿屢飭兩縣往搜跡忽至此福稟六月初九日

（十六）貴福稟報嵊縣情形電

撫藩臬憲鈞鑒越據嵊縣秦令函報自竺王兩匪逃去提憲派隊

駐嵊地方安靜郡城人心未定現奉憲示頒貼籍稍鎮定福文六月十二日

（十七）張撫諭拿竺王呂等并查詢軍械細數往還電二通

府越文電悉紹嵊人心雖少定然隱患正深仍設法探捕竺王呂等匪務獲爲要屢次起獲鎗枝子彈馬匹等件應先查明細數具報俟事定解省六犯應速訊辦院文

撫憲鈞鑒越文電敬悉先後搜獲九響毛瑟四十一桿單響毛瑟五桿十三響一桿七響手鎗一桿前膛鎗一桿子彈六千二百餘顆馬五匹驢一匹各物業經電稟報訪聞大通學堂監督孫秉彝家藏鎗彈提閱看管已繳九響毛瑟八桿子彈一千零四顆此外有無自應澈追鎗彈本應解省惟與府會紳籌辦巡軍需槍甚

多鎗彈請留應用竺王呂三匪均嚴密購拿六犯訊有確供再行
稟办福元六月十三日

（十八）張撫續拿陶煥卿等往来電三通

紹興府越元電悉孫秉彝仍澈追鎗彈准暫留用頃准安慶電據
徐偉供錫麟同黨為陶煥卿陳子驪龔味蓀陳寮兼沈鈞業五人
又其妻王氏游學東洋改名徐振漢與秋瑾同主革命陶名成章
會稽陶堰人年約卅歲面白削剪辮陳子驪名志軍山陰東浦人
年二十五歲面瘦削剪辮現在日本陳寮兼名德穀山陰賞祊舜
家溇人年念餘面瘦削身稍長等語應嚴密緝拿並告陳道院元

杭州撫憲鈞鑒松密頃據會稽李令查復陶成章在東洋未回在
其家中搜獲成章照片一張並家信一封又龔味蓀照片一張查龔

匪係嘉興北門外淡術人請嚴飭密拿照片遲送楊守職道翼棟

紹府福稟六月十六日

陳道貴守松陶匪家信有無悖逆語此外有無証據各匪家屬如

不知情不可株連龔匪已遣人密緝相片速寄省院條

（十九）張撫飭查張蔣等電函三通

府越徐頌揚供內體操教習張先生杭州人是何名字訊明電知

蔣繼雲何縣人與供內所稱蔣某某是否一族院敬

杭州撫憲鈞鑒越敬悉訊徐頌揚等供明體操教習名張乾字剛

忱年念餘歲杭州人蔣繼雲金華人與搶內之蔣某並非同縣亦

非一族紹府福謹覆徑六月二十五日

敬密稟者十九日晚紹府提取蔣匪繼雲隔別嚴密研訊據供新

近省中徵兵處三十人居其多數卒有人運動而出又據呂匪鳳樵在省城金釵袋巷設有處所招待所用意叵測又稱有張兆卿者湖南人善製炸彈現住上海北四川路原德里九十一號孫汶往来蹤跡渠能知之等情伏查處州係呂匪鄉里該匪所供有人運動一語雖未明指何人程儀非即　匪所為似不可不嚴加防範至所稱張兆卿一節關繫甚鉅應請密電南洋嚴速查拿以弭隱患其餘該匪供詞尚多除另由卑府彙案稟陳外茲謹撮其最關緊要者合詞密稟以聞伏乞迅賜施行明稟馳仰敬叩鈞安職道翼棟卑府福謹密稟見民國元年元月二十二號越鐸日報

秋案全稿　徐寄塵編錄　第二宗

（一）貴福札飭曹蒿厘卡文

為飛札嚴飭密查事照得本府訪聞近有嵊縣之人私藏軍火夾帶闖卡運入郡城勾連會黨思欲蠢動用特飛札飭札到該卡凡有經過蒿壩之船務飭司巡嚴查若船上遇有形迹可疑之人更加查驗盤詰倘有不服查詰即行人船扣留報府察辦切弗疏忽弛懈貽誤大局是為至要毋違特札光緒三十三年六月初四日

（二）偽浙撫張致貴福函

逕啓者據金華府蒿守電稟內稱此股匪徒頭目多係文武生員（案此即指張恭諸君）確有革命告條旗幟票布穿著學堂體操服衣綴有漢字為號於台處嚴紹四府均有勾結隱患實深等語查

革命黨到處倡亂非土匪可比應即密飭所屬各文武一體加意嚴密查拏毋稍玩忽

（三）僞提督呂道生致貴福密札

欽命浙江全省提督軍門統轄水陸軍務節制各鎮强勇巴圖魯呂　爲密劄事照得本月初四日戌刻接准撫部院張密電内開肖防派兩隊今夕必到紹聞各匪多到嵊縣亦係革命黨勾結請飭迅速痛剿並訪拏首要時方多事貴部練軍亦應酌量抽調到甬以便調撥爲要等因准此如果事屬確實亟應相機痛剿並訪拏首要以期迅速撲滅除飭練軍中營管帶劉慶林副中營管帶常榮清各率兵隊馳往嵊縣會同秦令緝办外合行劄付劄到該府即便查照院電轉飭該縣會同該兩營管帶妥速辦理勿稍延

誤是爲至要須至劄付者（六月初五日）（另喻道札畧同不錄）

（四）金華府萬連致貴福電

府太守鑒金屬匪徒滋事獲犯供首犯舉人張恭即伯謙散票結黨現聞逃匿宣平縉雲嵊縣諸暨衢屬等處請飭縣嚴密查拏金府連齊

（五）貴福致八縣札

札縣知悉本年六月初八日准金華府萬電開金屬匪徒云云等因到府准此除分飭各縣密拏外合亟密飭札到該縣立即遵照迅速嚴密查拏勿稍疎懈切速火速特札

（六）僞道陳翼棟致貴福函

壽　仁兄大人閣下徑啓者查嵊縣秦令前奉閣下函中有王竺等匪騎馬往新昌地界金焦上市去等語兹特密派蔣未入　鰲赴新昌一帶確切偵探并飭於昨日即束裝前往除由敝處函札外用特函告祈即賜加札委并一面札知新昌侯令是爲至盼專此奉佈敬請勛安愚弟陳翼棟頓（另貴福加札不錄）

（七）貴福委彭守備帶郡城坊團札

札委彭守備知悉照得郡城地方現在舉办坊團爲保衛地方之計查該守備办事实心不辭勞瘁堪以充當管帶合特札委札到該守備查照立將郡城坊團事務須勤慎督帶認真巡緝閭里敉安毋得始勤終懈致負委任切切特札（另移紹河水師陳丈大致相同不錄）

（八）偽協鎮韓飭城門弁兵諭

為特飭事照得城門為盤詰奸究最要之所現在時勢不靖尤應嚴密該管弁兵不得擅離左右亦毋許倩人代替晝夜在門察看出入諸色人物如有形跡可疑盤詰不明之人立即押送中軍衙門查訊或有成羣結隊多人同行尤應盤問清楚如其行蹤可異無論能阻不能阻均即專丁来營飛報水門出入船隻恐有偷運軍火器械暗渡匪類均應逐一查驗無故者立即放行不得措阻有弊者扣留飛報慎弗輕縱水旱各門啟閉有時準定每日早晨五點鐘開晚間七點鐘閉不得先後參差閉門之後不得私擅開放如遇文武各衙門緊急公差欲出須持有各本官蓋印名片寫明年月日送驗留存方准出城次日將印片送中軍衙門報驗其

有城外扣門要差須由城上懸繩吊取憑件依據者持送中軍衙门驗明請示遵行以昭周密除札中軍轉行遵辦並移府飭縣查照外合特諭飭為此諭仰管守各门弁兵一體遵照嚴密稽查实力防範認真办理不得稍涉疏忽致干嚴咎亦不許藉端索詐自取罪戾切切特諭（另移貴福文不錄）

（九）偽管帶徐孳獲秋瑾治貴福文

署理浙江常備軍步隊第一標第一營管帶官徐為治呈事本年六月初三日奉敝統領該管帶前後兩隊官兵趕赴紹興會同貴太尊嚴密办理因安徽徐匪鼓動紹興學堂同時起事黨匪甚多必須嚴密孳办等因奉此敝管帶遵即拔隊過江於是晚亥刻馳抵紹郡当將各隊官兵擇要駐紮一面躬詣貴署磋商一切事宜遂

於初四日由貴府飭令山會兩縣會同澉營兩隊官兵馳往大通學堂，堂内開槍拒抗，致被多傷，故目兵開槍還擊，當場格斃男匪二名，倉卒誤認爲三名，又獲十八名，澉管帶生擒女匪秋瑾一名，奪獲手握七響手槍一柄，槍膛内滿貯子彈，又獲九響毛瑟槍二十四桿，槍彈數百顆，前膛槍一桿，馬四匹，相片多張，嗣又搜獲馬一匹，驢一匹，九響毛瑟槍一桿，以上各項均經悉數解繳貴署，毫無存留，除將詳細情形申覆敝統領外，相應備文咨呈，爲此咨請貴府煩爲查照施行，須至咨者

（十）貴福白話告示兩通

賞戴花翎特授紹興府正堂節制紹屬營務處加三級紀錄十二次貴爲出示曉諭事，照得本府上月二十九日訪聞城内有個女

人秋瑾他是办體育會的是大通學堂教員這秋瑾勾連嵊縣人匪類竺紹康王金發等要想六月初十内外在紹興城内起事竺紹康又叫做竺酌仙他本是平洋黨的頭子手底下人狠多上月已到嵊縣去招呼他的黨羽到紹興城来謀反這事是確確鑿鑿的了本府不得已到撫台這裏請了兵来先把這女人秋瑾拏住稟了撫台就正法竺紹康王金發二名四面兜拏拏到一名賞他一千塊洋錢他們的計謀已經敗露想来反是造不成了官紳都在這裡嚴嚴的防備你們百姓好好安業不要驚慌包你無事（誰信你来請看今日之紹興竟是誰家之天下）這班匪類外面借着大通學堂的名内裡勾結歹人要想造反所以拏办他的並不是為得學堂不好也並非為办大通學堂的徐錫麟戕斃安徽

撫台恨他的學堂纔拏办的实在為女人秋瑾王金法竺绍康等要造反的緣故學堂是奉旨办的培植人材的要事那裡可以因為大通學堂不好便恨别的學堂一概不好的麽現在聞得外邊有一種反對學堂的人在那裡造謡言説是學堂都要封了這種造謡生事的可恨之極顯係不好人説的本當訪查明確一定要重重的办他安分守己的人不要瞎聽謡言瞎疑瞎猜（都是瞎説可笑）為此出示曉諭仰軍民各色人等一体知悉爾等須知有匪徒窩藏大通學堂内要想造反上憲纔派兵拏办並不是説别的學堂不好自示之後若有人捏造謡言本府斷斷不肯説他的千萬不可嘗試那時後悔無及不要説不早通知你們毋違切切特示初六日

照得本府自到紹興已將近一年所办的事那一件不是為你百姓圖治安的（自誚功能真不要臉）就説大通学堂体育會的事前奉撫臺密信據金華府電禀以武義縣獲匪聶李唐等供出黨羽甚衆内有趙洪富縉雲縣人在紹興體育学堂司帳勾結大通學堂黨羽希圖接應起事飭即密拿当時密查果有女匪秋瑾勾通竺紹康王金法等圖謀造反消息禀奉撫臺派兵前來是以去拏他去拏的時候竟敢開鎗拒捕又在学堂内搜出九响快鎗四十餘枝十三响快鎗一枝夾衖内搜出彈子六千多顆又有悖逆論説及偽造軍制單字據当堂提問時秋瑾也認是他所寫所做的並竺紹康王金發是相好的時常來学堂的拿獲秋瑾時在他手中奪得七响手鎗一枝係裝满子彈的当奉了撫臺電示正

法續奉撫臺電准安慶電開據徐錫麟之弟徐偉供錫麟与秋瑾同主革命可見秋瑾圖謀不軌在在確有證據此次正法並不宽枉於他吾民亦盡知其事大家無不稱快（胡說）函徐錫麟的父親当奉撫臺電筹他父親梅生聽見這個消息即亦投案本府細細的問他他說並不知情即據学堂袁翼其等亦府具報当即放他回去他的田園房屋他所開的天生綢莊泰昇燭店都没有封他的他們家裏的人並店裏的夥友也没有拿他一箇的本府斷斷不肯連累他本城及東浦地方市面亦照常交易從没有罷市的事種種情形吾民都共見的乃有無知愚民以及遠處地方道聽塗說以訛傳訛有謂此次徐錫麟在安慶[徽]鬧出事來其家中財産都被查封的家屬親友都被株連的又有謂別的学堂也要查

封拏办以致人心惶惑殊不知此次大通學堂體育會圖謀起事既有撫臺函飭拿办又有金華獲匪供明並非因秋瑾通同徐錫麟的事而起民間均多誤會意旨今再明白示諭爲此示仰軍民人等知悉現在匪首秋瑾已經正法了竺王兩首匪已經逃了他們的機謀既經敗露造反是造不成了（請問今日果造成否）你們大家安居樂業切不可誤聽謠言自相疑惑即有爲秋瑾所愚弄（未必）誤入匪黨者亦准自行呈明私藏軍火者亦准自行呈繳但能改過自新（何嘗是過）本府斷不追咎既往（足見寬弘大量）如有能夠拏獲竺紹康王金法二首匪的每獲一名賞一千塊洋錢（民脂民膏能捨得否）如有來府報信以致拏獲的每獲一名賞貝五百塊洋錢（未免太破費了）至於學堂

乃是奉旨開辦的學生乃是國家所培養的斷不能因大通體育會不將就說別的学堂也是不好的如有不肖之徒敢向你们将將的学生爲難一經本府曉得或有人來告確實有向学生爲難的事本府一定重重的办他你们各学堂学生儘可放心本府要時時刻刻替你們留心保護的本府因爲你們尚有怕連累的意思所以再出告示通知你们（感恩不盡）其各知之毋違特示

六月十七日

（十一）王沈氏供狀

王沈氏供年廿五歲婦人母家住山陰縣东浦村居住去年由朱子舫爲媒向母親說合把婦人許配与嵊縣人王潋發爲妻就於十月十六日把婦人迎娶到城内黄花衕李姓屋内完姻聞知丈

夫向与竺紹康交好朋友都在大通学堂的至十二月十四日被丈夫把婦人騙到嵊縣城内租賃裘姓房屋居住見家内藏有二尺長的洋鎗一桿後闻得他的舊宅在鄉间家内尚有正配婦人闻知实不喜悦没有見面至本年三月间婦人回歸母家數日仍回夫家前月二十外因被祖母屢次凌辱婦人受苦不過只得託人寫信寄与母家懇他來接後婦母親來信假説做壽叫婦人回家因此於前月二十九日丈夫親送婦人回家至六月初一日到紹城内冊局耽擱一夜初二日送到東浦母家丈夫仍由原船回城初三日又到東浦過一夜初四日早上吃粥完畢就即動身婦人詢问前往何處他説或到杭州或到上江或到嵊縣等處一時不定就此去了至他与竺紹康起事情形丈夫向不与婦人説明

婦人實在沒有知道今蒙提訊要求恩典暫行憑保釋回嗣後聞有丈夫信息即行來案禀明不敢隱瞞是實六月初十日（案此等稿案名曰親供實由鍛鍊殊不足信）

（十二）甯紹台道喻致貴福札

密札紹興府知悉本年六月初七日奉撫憲張密電内開准江督電開尉師密電探聞逆黨因内地嚴查軍火擬購小兵船五艘小魚雷艇十艘裝運偽軍及軍械等用各國旗號夜入長江備鬥陸路分處亦早佈置專候軍火接濟茲船已訂用猶太人駕駛七月由大西洋陸續東來等情望飭地方文武官嚴密稽查並密飭稅司無論中外官商一律嚴查毋忽等因奉此除分别移行外合亟札飭札到該府即便轉飭所屬一体嚴密稽查認真防範毋任稍

有疎忽切切特札 六月初八日（另貴福轉各縣卡札不錄）

（十三）信勤致貴福函

敬啓者頃奉撫憲函諭承准軍機處電傳欽奉諭旨安徽匪黨滋事巡撫被戕殊堪詫異沿江各省匪徒素多亟應嚴密防範着該督撫妥為布置勿任勾結以弭隱患而定人心等因欽此用特恭錄密函奉達務祈妥籌布置嚴密防範是為至要等因奉此除密函分布外相應飛函冰案希即密飭所屬嚴為防範固不可稍事張皇亦不可稍涉疎縱是為至禱 初四日（另貴福特札不錄）

（十四）偽梟顏鍾驥偽撫張曾敭致貴福函電各一

密啓者頃接永康縣曹令密稟以拏獲武義縣逆匪劉耀勳一名即自認為革命黨指天主教民沈榮古即容卿為九龍會黨事前

往來密謀此次為禀鬧體育學堂不成會合九龍黨起事逆跡昭著已送武邑訊明正法等語查沈榮古即容卿籍隸山陰用特密函奉布即希閲下密行督飭李令不動聲色訪拏訊办幸勿稍露風聲為要前得徽魚兩電具悉一是日來訊办情形何似仍希隨時見示以慰懸系（下略）

府越金華府電稱九龍會黨沈榮古現逃回原籍山陰應即设法密拿院文（另轉札不録）

（十五）偽撫致貴福保護張小蘚電

府據喻道電禀象山匪首張小蘚在秀拏獲黃令已派差迎提希飭所屬會營沿途保護院文（另轉札不録）

（十六）偽臬顔鍾驥致貴福密拏張恭函

紹興縣志采訪稿

盜徒者頃據金華府蕭守密禀查有金邑舉人張恭為此次匪徒滋事首犯現獲匪目王汝槐呂觀興兩犯均已供及近聞潛匿宣平諸暨遂昌傳言不一請飭密拏等語用特密函奉布即祈閣下不動聲色會營并飭屬嚴密查拏務獲禀办勿任潛匿句結為患至要至要附蕭守原禀

敬密禀者竊照身屬金邑舉人張恭為此次匪徒滋事首犯歷前府縣以及紳商士庶早有所聞且散賣票布句結黨羽已歷五六年之久当時均因未得確據無從下手舉發現經金邑所獲匪目王汝槐呂觀興兩犯均有供及該舉人散票結黨情事近聞業已避匿處州宣平有謂逃竄諸暨遂昌傳言不一該舉人黨羽較多行蹤詭秘信息尤為靈通拏捕未易得手現雖懸賞購线密拏飭

派兵役分路探捕但恐日久遠颺惟有仰乞憲台先行詳請浴革

一面密札各府一律嚴密查拏以遏亂萌而杜隱患謹肅密稟恭

纔崇安伏乞垂鑒除稟撫憲暨藩提學臬憲外并府連謹稟

（十七）貴福致僞撫請發還秋俠文件稟

竊照紹城大通体育會女教習秋瑾圖謀起事奉經電稟憲示正

法所有當時搜出悖逆文三件即經專送憲鑒並聲明發還備卷

在案現在核辦此案應將此事叙入理合備文申請仰祈憲台察

核俯賜發還實為公便為此備由呈請照驗施行須至申者六月

十五日

（十八）山陰李令為豫倉司事無辜受傷申請優恤稟隨附批

稟大人閣下敬稟者竊據山會平糶總局紳董徐搬蘭等呈稱敝

紹興縣志採訪稿

局案奉省憲飭發截漕平糶以濟民食所有米行到紹陸續搬運
山會豫倉存貯並派司事僱工駐倉看護倉内雖有大通學堂借
寓該司事雇工人等均各嚴守界限不通聞問本月初四日午後
正值府憲查辦該校事件校内學生鬨警擾亂其時事起倉猝該
司事雇工等因保守漕米要緊未敢擅離惟恐波累当由司事帳傅
友堂金如意徐福昌及雇工魯阿薰魯連桂等上前申訴新軍誤
認該司事雇工等為該校之人遽用刀傷一併拏送府署業蒙府
憲當堂驗明傷痕訊係無辜被累飭即保釋調養在案即晚五人
舁擡到局紳等見伊等刀傷頗重血痕較多実深憫惻查傅友堂
等五人均係家貧食力平時養贍時虞不給此次醫治傷痕為費
更鉅妻啼子哭情実難堪呈請卑職據情轉禀憲臺俯念該司事

傅友堂金如意徐福昌雇工魯阿鰲魯連桂等究為保守漕米因公傷累可否優給養傷費用以資醫治而示體恤出自逾格鴻施再倉内簿票衣物等件有無失少應即詳細查明另案呈報等情到縣據此查該司事傅友堂等守米受傷果係寔在情形惟應否酌給養傷費用之處身職未敢擅專據呈前情理合肅泐馳稟仰祈大人察核俯賜批示祇遵實為公便（案此稟纔上而李令即被撤任故嗣復有署令余允貞以及會稽令李瑞年之續稟今不贅錄錄其批示如下）

貴福批據稟已悉該司事等既被因公誤拏致受重傷情堪憫惻自應由縣酌給傷費以示體恤仰即查照仍將酌給數目報府備查繳　六月廿五日

（十九）僞皋顏鍾驥通札

爲札飭事光緒三十三年六月十三日奉撫憲張釘封札開照得本部院於六月初六日電請軍機處轉奏據金華府稟解匪情形内稱武義縣獲匪供係大通学堂学生勾結起事当查紹興大通学堂係逆匪徐錫麟所办電飭該府貴福查办去後並據江督皖撫電録匪供情節略同貴福星夜来杭面稟據郡紳密報大通体育會女教員黨匪秋瑾及呂鳳樵竺紹康等謀於六月初十邊起事竺本黨首羽翼萬餘人近往嵊縣糾约来郡等語当派常備兵兩隊赴紹會府查办初五日據該府雷稟初四日搜查大通及嵊縣公局該匪等開鎗拒捕兵隊轟斃數匪并獲秋瑾及餘匪六人起出後膛鎗二十五枝子彈數百秋瑾供不吐实查有親筆悖逆

字樣獲匪程毅亦供係秋瑾為首等語已電飭將秋瑾正法乃搜捕未獲各匪其嵊縣先由提督派兵前往仍飭嚴速捕拏金華先後格斃捕誅匪黨念餘人匪徒已散現仍搜獲匿匪省城已密為戒備仍外示鎮靜乞代奏等因茲於初八日承准軍機處電傳奉旨張電奏悉着嚴拏首要解散脅從以銷隱患而靖地方欽此等因除行布政司甯紹台道遵照外合就札飭等因奉此合亟轉行札到該府即便督飭所屬遵照辦理毋違切切特札六月十三日

（另轉私不錄）

（二十）貴福致山陰縣催訊石寶煦札

札山陰縣知悉案照前於本月初四日搜拏大通學堂女匪秋瑾時因堂內開鎗拒捕隊勇亦開鎗還擊以致格斃兩匪傷頗沉重

不能取供，当由該前縣李令交保醫治。旋據李令面禀，一匪受傷過重，醫治無效，當晚身死，查無屍親出認，已由該令驗明填格，飭令棺殮。一匪訊明石寶煦，已飭保人加緊延醫調治，務痊交案訊办等語。據即飭令填格詳報，一面將石寶煦傷痕趕速擇醫治痊解訊，並將辦理情形由府督同該前縣等禀報各憲在案。茲查迄今多日，杳未詳報，而李令又已交卸。究竟格斃一匪是何姓名，何縣人氏，石寶煦傷痕曾否醫痊，亟應札查。札到該縣，遵照立即查明格斃一匪姓名籍貫，趕將驗訊情形填格詳報，一面趕醫石寶煦傷痊，解候查訊核办，毋稍遲延。速速，特札。

（二十一）金華府移請查拏黨徒文附清單

為移請飭拏事。照得敝屬武邑匪徒造謠起事，蔓延金永二縣，即

經密函分知沈統領派撥防勇並經飭派駐金巡防隊許隊官會
同先後拏獲匪目黨羽正法起獲槍械旗幟票布漢字帷供出匪
目甚衆均尚在逃除飭各縣懸賞會營密拏外擬合開單備文移
請爲此合移貴府請煩查照來移希即密飭各縣會營嚴密查拏
各逸匪務獲訊办以期盡絶根株而免後患望速施行須移

今將金永武三縣在逃未獲各匪姓名開單呈送

計開

大頭目周金海（即繒云海）一名（係處州府縉雲人）

頭目小大癩子又方汝林二名（均係徽州人

頭目趙洪富（即趙卓）一名（係縉雲人現在紹興學堂司

賬

頭目鄒克寬一名

大頭目沈榮古（即容卿）一名（係紹興山陰人寄住永康縣）

頭目呂阿榮又章鈺菖二名

大頭目張恭（即伯謙一名）（係金華縣舉人）

頭目倪國圻一名（係金華行武生）

頭目宗阿根一名

頭目施炳桂一名

頭目李買兒一名

頭目金阿桂一名

頭目徐順年一名

頭目陳錫銓一名（以上均係金邑

頭目徐大買兒一名（係金邑橫橋頭人）

頭目滕阿牛一名（係金邑長山人）

以上共十八名

（二十二）偽臬顏爲查拏革黨致貴福密札二通

爲密飭事光緒三十三年八月初三日奉撫憲張密札開光緒三十三年七月二十八日承准軍機大臣字寄光緒三十三年七月十五日奉上諭近來匪徒謀逆往往假借革命名詞摇惑人心奸狡情形尤堪痛恨雖隨時破獲而地方已被其擾害後患不可勝言惟有破其詭謀直揭其叛逆之罪不使藉詞革命巧爲煽誘着各省督撫妥酌情形籌以鎮定務須設法解散勿任勾串固結凡

屬不法之徒尤當嚴密查拏亟獲犯應得罪名叛逆即以叛逆論盜匪即以盜匪論俱各科各罪隨時宣布毋任信口狂供致使逋而之他果係著名首惡或竟甘心從逆仍予盡法懲治勿稍輕縱其被脅勢迫及家屬之不知情者均爲網開一面概免株連俾釋疑懼咸與相安如此以靜制動以寬濟猛庶可以漸化人心之不靖潛消逆跡於無形該督撫等其各悉籌畫加以防維總不使奸民有詞可藉亂黨有機可乘稍紓朝廷宵旰之憂即默造天下臣民之福將此各諭令知之欽此遵旨寄信前來札司即速移行各道府轉飭所屬一体欽遵辦理毋違特札等因奉此除移各道欽遵辦理外合行札飭札到該府即便轉飭所屬一体欽遵辦理切切特札

又爲密飭事光緒三十三年八月初三日奉撫憲張密札開光緒三十三年七月准兩江督部堂端咨開光緒三十三年七月十八日准兩廣護督部堂胡電開據廣東廵警總局禀稱接回粤旅美華僑鍾美供由香港函稱六月二十日由南非洲附輪回粤船裝廣東華工及山東順天人甚多其中匪徒混跡不少該輪二十抵港廣東工人登岸另有千四百餘名二十二啓輪裝往山東天津請查察解散函尾聲明鍾美供住江門上步街祥豐店當經營員往傳鍾美供面詢據稱伊係新會縣人生長美洲六月由南非洲搭喜魯波輪船回華在二等客船後統倉有山東搭客一千四百餘名廣東搭客五百六十餘名客人因船主喊利索規廣東客滋鬧船主奮怒發鎗傷斃二人付諸東流伊動公憤常寄统倉尾看

動情目擊山東搭客間用紅箍花邊巾紮髮口談暗號不可索解粵人手持單紙爲憑並見客中間有身懷短鎗伊見行徑可疑詢及船上客伴上海人馬德勇據稱魯粵各船均屬會匪販有快鎗六百餘枝炸彈一百粒何人爲首尚未查確二十二日抵香港口停輪粵人雇船紛散不知去向伊俱熱衷不敢緘默在香港寄信陳明因聞該輪不日赴秦皇島擬請電知山東沿途關卡查緝詎料函被郵擱現難追及等語查鍾美供人甚誠实家有巨資所言明晰似非子虛除密飭文武嚴緝防範外謹密陳鈞聽請飭一体查緝等因到本部堂准此查該輪所裝山東搭客一千四百餘名形跡均屬可疑且訪有私運快鎗炸彈情事雖據稱該輪係開赴秦皇島難保該匪等不潛入長江帶及南省各內地圖謀不軌亟應

責成各海關設法認真偵緝其內地各處並責成各該地方文武一體実力查拏均不得稍有疎忽以保治安除咨行外咨請飭屬一体嚴緝等因到本部院准此合行札司立即密飭所屬一体設法認真偵緝実力查拏毋稍疎忽切切特札等因奉此合亟密飭札到該府即便密飭所屬一体設法認真偵緝実力查拏毋稍疎忽切切特札

（二十三）陳守備緝獲軍裝申貴福文

管帶浙東紹河水師巡防隊花翎都司銜補用守備陳奎龍為申報事竊照自大通學堂通匪私藏軍火經拏獲該堂學生供稱先期有人運出軍裝未知運往何處等因管帶因密飭各隊長隨時嚴密查緝稟報在案本月十三夜據弁隊駐紮山陰縣安昌鎮之

左隊三號隊長儘先拔總馬百發禀稱訪聞距安昌鎮十里石浮地方有漁人馬阿蘭譚連貴章馬青譚長生四人用大網等魚十二日在距安昌鎮八里之五龍河有網起軍裝情事管帶当飭該隊長立刻回安昌邀同紳士朱潤馬丙元地總潘阿大赴石浮傳漁人馬阿蘭等曉以所撈軍裝繳出領賞不繳治罪当經阿蘭等繳呈後膛鎗五桿馬鎗一桿氣鎗一桿小洋鎗三桿東洋刀一柄皮袋一個破皮箱板一副給賞該漁人洋十元十五日解由管帶呈繳憲台察收通報嗣該漁人於十六日在五龍河又網起後膛彈二百九十五顆小洋刀一柄仍能由管帶呈繳憲臺察收管帶以五龍一帶恐有軍裝未經撈盡復飭該隊長雇石浮漁人自石浮至五龍河搜撈十八日又撈起小洋鎗三桿東洋刀一柄仍解

由管帶呈繳憲臺察收所有三次查獲車裝詳細情形理合備文

申報憲臺察核通報施行實爲公便須至申者（另移送賞銀二

十元文不錄）

（二十四）貴福爲搜獲物件致山陰札

照得前在大通學堂體育會內搜獲馬匹衣物等件自應變價充

公合亟開單札發札到該縣立即遵照辦理仍將變價數目尅日

具報備查毋違切切特札

計粘單照另摺繕

計開

大小馬共五匹

驢一匹

軍帽一百四十五個

軍衣一百零五個

洋衣一身

洋斗蓬一個

舊紡衫一件

白紡綢一疋

元色洋紗紬一捲

白棉布一塊

掛鐘一箇

手鈴二箇

舊紅絨毯一條

洋皮鞋十二雙
絨鞾布共七雙
布大衫十四件
元羽紗大衫一件
洋絨雪衣一件
棉鞋一雙
夾包袱一個
串鈴四掛
馬鞭四根
踢胸一個
鐵馬籠嘴二個

皮帶一條

白皮箱一個

照得前在大通学堂體育會内搜獲馬匹衣物等件業經開單札發變價充公在案尚有洋式青呢夾褂一件洋式雨衣一件土黄呢夾襖一件馬鞍五盤合亟補發札到該縣立即遵照查收變價充公具文報查毋違切切特札見民國元年元月二十九日越鐸日報

旅滬蘇紳上江督蘇撫公函

敬肅者連日報載常侍御徽奏請平秋瑾墓其改葬之吳芝瑛徐寄塵嚴拏懲辦廷寄飭浙撫查照辦理等語某等閱之不勝驚駭竊查上年浙紹黨獄東南輿論紛如是非未敢遽定吳徐兩女士爲之改葬亦近乎豪俠慈善家之所爲與此案始末固全無干涉而吳女士芝瑛爲贅甫京卿從女績學工書名滿海內迹其平日見義勇爲宗旨純正鄉里翕然改葬之舉事雖近激心實無他事隔一年如復因紹案而株連恐輿論益不能平似此覆盆之冤豈忍再見於帡幪之下如此環求大帥鼎力主持扶植善類懇請迅賜電商浙撫帥持平辦理以示保全而免牽累寔爲公便至於紹案始末浙中大吏自有權衡非紳等所敢臆議也（下畧）

清光緒三十四年九月廿四日紹興公報

、葬秋被累詳記

常侍御奏平秋瑾墓並逮辦葬秋之吴徐兩女士已疊載前報邏電攔蘇常士紳對於此事極為不平有李某俞某等公電江督為吴女士辯護以女士曾發起女子國民捐愛國熱誠不應湮没乞為電商浙撫據情上達　天聽又有某某兩紳親赴金陵擬謁午帥面陳一切又吴女士亦自上江督一電其文云芝因葬秋獲譴心本無他死亦何憾惟鞠隱學堂承公奏准尚未開辦乞懇皖帥飭縣會商正紳將田房產捐入桐城學堂因該學先四叔所辦也吴女士近在上海醫院養疾有天津教會某國女士欲為救護吴却之聞增中丞對於此事力持大体不欲株連預備立憲時代之官吏其政策固自不同也

清光緒三十四年十月初二日紹興公報

改葬秋墓

近有秋瑾之兄秋譽章君具禀撫轅以妹王秋氏埋骨西湖擬自行遷回紹興埋葬懇乞督核立案當蒙增帥批准承領並札飭該管知縣知照矣

清光緒三十四年十一月二十二日紹興公報

雜記　列女

秋怨之結局

秋瑾遺骨去歲由伊兄譽章從湖上遷回紹興暫厝於偏門外嚴家潭今歲其夫王某在湖病歿日前由其子將遺柩運至湖南湖潭縣與夫合葬秋雨秋風一段公案從此終局矣見宣統元年十二月初四日紹興公報